原発事故と風評被害
食品の放射能汚染に対する消費者意識

有賀健高 Kentaka ARUGA

昭和堂

はじめに

　2011年3月，東北地方の太平洋岸に押し寄せた津波の影響で，福島第一原子力発電所の原子炉建屋が破損するという，日本では今までに経験したことがない重大な原子力事故が起こった。この事故により，発電所から大量の放射性物質が大気中に放出され，原子力発電所の周辺地域で生産された野菜，果物，牛肉，魚，茶葉，玄米，きのこ類，マグロなど，様々な農林水産物から放射性物質が見つかっている。日本政府は，このような食品の放射能汚染対策として，農林水産物に含まれる放射性物質に厳しい基準値を設定し，安全基準を満たさない食品の出荷を規制する政策を実施した。しかし，政府の設定した安全基準は信頼できるのか，信頼できたとしても安全基準を満たさない食品を不法に流通させる業者によって店頭で放射能に汚染された食品が売られてしまう可能性はないのかといった問題も残り，原発近辺を産地とする食品を買い控える消費者が多くいるのが現状である。

　実際に，大手の食品スーパーマーケットによる独自調査で食品中に放射性物質が見つかり，販売制限が行われるといった事態も生じており，消費者が放射性物質を含む食品を口にしてしまう危険性を完全に排除するのは難しいと言える。一方で，全く放射能汚染の危険性のない食品がマスコミや噂などの影響で福島県産というだけで売れないという，いわゆる「風評被害」があるのも事実である。

　本書は，福島県での生産量が多い米，青果物（キュウリ，リンゴ），生シイタケ，畜産物（牛肉，豚肉，鶏卵），水産物（マグロ，ワカメ）の9品目の農林水産物及びミネラルウォーターの計10品目に関して，全国の約8,700人にも及ぶ消費者を対象に実施したアンケート調査を基に，福島第一原発事故後の風評被害の実態を探る。本書で使われているアン

ケートは，首都圏や東北地方で原発事故の影響を実際に受けている消費者だけでなく，原発事故の影響を直接受けていない福島原発から離れた地域に住んでいる消費者も含めた全国の消費者を対象に実施している。

こういった風評被害の状況を把握するための，消費者を対象としたアンケート調査では，2013年2月から現在まで継続して行われている消費者庁の調査などがある。しかし，こういった調査ではアンケートの集計結果を紹介しているだけのものが多く，具体的にアンケートデータを分析することで，消費者意識が風評被害にどうつながっているのかといったことまで，まとめているものは少ないのが現状である。

また，原発事故後，消費者を対象に風評被害の実態を把握する研究もいくつか行われているが，アンケートの対象が首都圏や東北地方の消費者に限られており，全国的な消費者を対象としたアンケートはあまり行われてきていない。コールドチェーン[*1]などの食品流通技術の発展により，近年では，日本全国に食品を販売しているような生産者も増えており，そういう意味で原発近辺の農林水産資源を扱っている生産者や食品業者，そして地域ブランドを全国的に広めようとしている地方自治体などにとっても，全国の消費者を対象に風評被害の調査を行うことの意義は大きいと考えられる。

本書では，環境経済学の分野でよく使われている仮想評価法（CVM[*2]）を用いて放射能汚染の危険性がある仮想的な市場を設定し，そこで売られている食品に対する消費者の購買意欲と，購買意欲に影響を与えている消費者の特徴を把握することを試みている。そして，最終

---

*1 コールドチェーンとは，生産地から消費地へ食品が輸送される過程で，冷蔵，冷凍技術により，低温状態を保ったまま流通させる低温流通体系のことを言う。

*2 仮想評価法（CVM: Contingent Valuation Method）は，無料で入れる公園，生態系，農村の景観といった環境財のように，実際の市場では取り引きされていないような財の価値を，アンケート調査などで仮想上の市場を設定して人々の財に対する支払い意思額を聞き出すことで，その市場価値を評価する方法である。

的に，原発近辺を産地とする食品に対する消費者意識の中で，風評被害に関わっている部分はあるのかということを明らかにしていく。具体的には，消費者の食生活，食品安全性に関する意識，社会貢献への関心度，放射能汚染に関する意識，社会的属性といったことが原発近辺を産地とする食品に対する購買意欲にどう影響しているかを分析し，こういった消費者の特徴の違いに関わる要素の中で，風評被害につながっていると考えられる部分について見ていく。

　福島県など風評被害が原因で食品の売り上げが伸び悩んでいる地域の経済を復興していく上でも，本書のような福島原発近辺で生産された食品に対する消費者意識を探ることで風評被害の実態を把握する研究の意義は大きいと言える。今回の原発事故による放射能汚染を原因とする風評被害の多くは，食品の放射能汚染の危険性に関する情報に対する消費者の反応が大きく関わっている。したがって，原発近辺を産地とする食品に対する消費者意識の違いを把握することは，どういった消費者にどのように食品を売っていくかという販売戦略を考案する上で有用な資料となると言える。また，食品の放射能汚染の問題まで起こるような原発事故は世界的にも希であり，放射能汚染の危険性から消費者が原発近辺の食品を買い控える行動にどういった消費者属性や消費者意識の違いが関係しているのかを分析した研究は世界的に見ても数が少ない。したがって本書は，食品の放射能汚染をめぐる風評被害に対する有効な対策を行っていく上での貴重な資料であると言える。

　本書では，食品の放射能汚染に対する消費者意識について考察していく部分が中心となってはいるが，こういった食品の安全性に関わる問題を消費者の視点から書いている本はあまり出ていない。そういう意味で，本書は，食品の安全性の問題に関心のある学生や一般消費者，農林水産物の生産者，食品産業で働くビジネスマン，風評被害対策に励んでいる自治体や関係団体で働く職員などにおすすめしたい。

目　次

第1章　農林水産物の放射能汚染　　1

1-1　福島第一原子力発電所事故　　2
- 1-1-1 事故の概要　2
- 1-1-2 事故の深刻さ　4
- 1-1-3 レベル7の評価　5
- 1-1-4 事故による避難者数　6

1-2　放射性物質に関する基礎知識　　7
- 1-2-1 放射線・放射性物質・放射能　7
- 1-2-2 被爆　8
- 1-2-3 放射線の単位　9
- 1-2-4 被爆線量の上限　10
- 1-2-5 日本における食品中の放射性セシウムの基準値　10
- 1-2-6 国際比較で見た食品中の放射性セシウムの基準値　11

1-3　原発事故後の農林水産物における放射性物質検出の実態　　12
- 1-3-1 農林産物における放射能汚染の実態　13
- 1-3-2 畜産物における放射能汚染の実態　15
- 1-3-3 水産物における放射能汚染の実態　17
- 1-3-4 今後の課題　18

| 第2章 | 風評被害とは何か | 21 |

2-1 風評被害とは？ ———————————— 21
2-2 風評被害の起こる原因———————————— 23
2-2-1 代替財の多い農林水産物　23
2-2-2 情報の不確実性　25
2-2-3 情報の非対称性　26
2-2-4 情報の非対称性の是正　27

| 第3章 | 農林水産物市場の動向 | 31 |

3-1 原発事故後に価格が変化する原因———————— 31
3-2 2011年前後の原発付近の農林水産物市場の動向———————————— 33
3-2-1 米の価格と産出額　33
3-2-2 キュウリの価格と取引額　35
3-2-3 リンゴの価格と取引額　37
3-2-4 生シイタケの価格と取引額　39
3-2-5 牛肉の価格と取引額　41
3-2-6 豚肉の価格と取引額　43
3-2-7 鶏卵の価格と取引額　45
3-2-8 マグロの価格と取引額　46
3-2-9 生ワカメの価格と取引額　48
3-3 原発近辺の農林水産業者への影響———————— 49

| 第4章 | 消費者意識と購買意欲 | 51 |

4-1 アンケートの概要 ─────── 52
    4-1-1 食生活に関連する質問　52
    4-1-2 食品安全性に関する質問　53
    4-1-3 社会貢献への関心度に関する質問　54
    4-1-4 放射能汚染に関する質問　54
    4-1-5 原発近辺を産地とする食品に対する
         許容度に関する質問　54
    4-1-6 社会的属性に関する質問　59
    4-1-7 アンケート回答者の性別・年齢分布　59
    4-1-8 購入の際に産地を気にしている食品　62
    4-1-9 各品目に対する購買意欲　63

4-2 過半数が買っても良いという食品
    ──キュウリ，リンゴ，牛肉，豚肉── 64
    4-2-1 回答者の食生活と購買意欲の関係　65
    4-2-2 食品安全性に関する意識と
         購買意欲の関係　72
    4-2-3 社会貢献への関心度と
         購買意欲の関係　76
    4-2-4 放射能汚染に関する意識と
         購買意欲の関係　79
    4-2-5 原発近辺で生産された食品に対する
         許容度と購買意欲の関係　85
    4-2-6 社会的属性と購買意欲の関係　88

4-3 半数が買っても良いという食品
    ──生シイタケ，鶏卵，マグロ ─── 99
    4-3-1 回答者の食生活と購買意欲の関係　99

        4-3-2 食品安全性に関する意識と
              購買意欲の関係　107
        4-3-3 社会貢献への関心度と
              購買意欲の関係　110
        4-3-4 放射能汚染に関する意識と
              購買意欲の関係　112
        4-3-5 原発近辺で生産された食品に対する
              許容度と購買意欲の関係　118
        4-3-6 社会的属性と購買意欲の関係　120
4-4　過半数が買いたくないという食品
     ——米，ミネラルウォーター，ワカメ——132
        4-4-1 回答者の食生活と購買意欲の関係　132
        4-4-2 食品安全性に関する意識と
              購買意欲の関係　139
        4-4-3 社会貢献への関心度と
              購買意欲の関係　142
        4-4-4 放射能汚染に関する意識と
              購買意欲の関係　144
        4-4-5 原発近辺で生産された食品に対する
              許容度と購買意欲の関係　150
        4-4-6 社会的属性と購買意欲の関係　152
4-5　購買意欲に影響を与える要素————163
        4-5-1 食生活と食品安全性に関する意識が
              購買意欲に与える影響　163
        4-5-2 社会貢献への関心度と放射能汚染に関する
              意識が購買意欲に与える影響　166
        4-5-3 原発近辺の食品に対する許容度と
              社会的属性が購買意欲に与える影響　167

第5章　風評被害はあったのか？　171

- 5-1　食生活と風評被害 ―― 171
  - 5-1-1 風評被害につながっていると考えられる要素　172
  - 5-1-2 風評被害につながっていると考えられない要素　173
- 5-2　放射線に関する知識の有無と風評被害 ―― 174
  - 5-2-1 風評被害につながっていると考えられる要素　174
  - 5-2-2 風評被害につながっていると考えられない要素　175
- 5-3　社会的属性と風評被害 ―― 176
  - 5-3-1 風評被害につながっていると考えられる要素　176
  - 5-3-2 風評被害につながっていると考えられない要素　177
- 5-4　風評被害を防ぐには ―― 178

おわりに ―― 179
索　引 ―― 183

第1章

農林水産物の放射能汚染

　2011年3月11日14時46分頃，宮城県牡鹿半島から沖合い約130km，深さ約24kmの海底付近を震源とする東北地方太平洋沖地震が発生した。この地震の規模はマグニチュード[*1]9.0で，マグニチュードとしては日本観測史上最大の地震であった。地震の影響は，地震のあった東北地方だけでなく，震源から300km以上離れた東京首都圏にまで及び，地震の直後に発生した津波や原発事故により，大規模地震災害を引き起こしたことは記憶に新しいところである。朝日新聞社によると，2015年2月末現在での死者数は12都道県で1万5,890人，行方不明者数は6県で2,589人となっている。

　この東北地方太平洋沖地震によって発生した災害が，後に東日本大震災や発生した日付の略称として3.11（さんてんいちいち）などと呼ばれるようになったが，この東日本大震災の他の地震災害との大きな違いは原発事故まで起きてしまったことである。地震によって津波が発生した例としては，2004年のインドネシアのスマトラ島沖地震[*2]や2006年の

---

　*1　マグニチュードとは，地震の大きさを地震が引き起こしているエネルギーの大きさとして対数で表現した指数値である。
　*2　2004年12月26日の朝，インドネシアのスマトラ島アチェ州沖でマグニチュード9.0と推定される巨大地震が発生した。地震によりインドネシア，タイ，スリラン

ジャワ島南西沖地震などいくつか挙げられるが,津波が原発事故にまでつながった例は世界的に見てもこの東日本大震災が最初であった。

本章ではこの福島第一原子力発電所(以下,福島原発)事故とそれによって発生した農林水産物の放射能汚染の概要について見ていく。

1-1　福島第一原子力発電所事故

1-1-1 事故の概要

福島原発事故は,2011年3月11日の午後2時46分頃に三陸沖を震源とするマグニチュード9.0の地震が起こったことから始まった。原発近辺では,その後も震度5以上の余震が8回発生した。福島原発では,この地震により鉄塔が倒壊したり送電線が切れたりするなどの被害を受け,7つあった送電線の全てが使用できなくなった。こうして福島原発は,まず外部電源を失い停電することとなった。

原発には,外部電源を失った場合でも,非常用ディーゼル発電機があり,これが稼働することで電源が供給される仕組みが配備されている。福島原発においても,地震発生直後は,この非常用電源が稼働することで電源が確保されていた。しかし,地震発生から45分後に津波の第一波が原発を襲い,続いて高さ13メートルにもなる第二波が来襲した。この津波により福島原発の1号機から4号機の全てが被水し,非常用ディーゼル発電機の機能まで喪失することになる。こうして,福島原発

　　　カのインド洋沿岸地域が津波の被害に遭い,約23万人の死者・行方不明者が出た。この地震で起こった津波は,最大で30mを超えていたと言われている(国土交通省国土技術政策総合研究所 2005)。
　*3　2006年7月17日の午後,インドネシアのジャワ島バンドンの南沖でマグニチュード7.7と推定される地震が起こった。この地震により最大で5mを超える津波が発生し,600人以上もの死者が出たと言われている(七山ら 2007)。

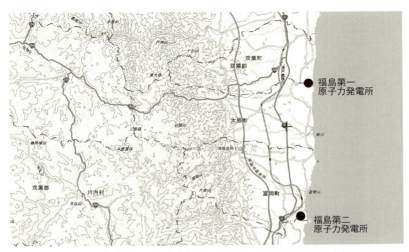

図1-1 福島第一原子力発電所と福島第二原子力発電所の位置
出典：国土地理院の電子地形図に福島第一及び第二原子力発電所の場所を追記。

の1号機から4号機は全ての電源を失うこととなり，その状態が10日ほど続いた。

電源を全て失った福島原発の1号機から4号機では，原子炉の冷却機能も働かなくなり，炉心が溶融するという事態を招くこととなる。そして，ついにはこの炉心溶融[*4]によって燃料ペレット[*5]の中に閉じ込められていた放射性物質が水蒸気とともに放出されることとなり，周辺地域が放射能に汚染されるという大事故になってしまったのである。

このように，福島原発事故の直接の原因は地震と津波であるが，放射性物質を放出するような大事故にまで発展したのは，全電源喪失状態が

---

*4 炉心溶融とは原子炉の中の核燃料あるいは燃料を納めた被覆管という金属製のさやに納めた燃料棒が，炉心の異常な出力上昇によって過熱され，燃料が液状になる（溶融する）ことをいう（EICネット 2012）。英語ではnuclear meltdownというため，メルトダウンとも呼ばれる。

*5 二酸化ウランといった核燃料物質を焼き固めた原子燃料の最小単位であり，通常縦横1cm程度の円柱状の形をしている。

第1章　農林水産物の放射能汚染　　3

10日も続いたことが原因であると言える。電源がもう少し早く復旧していれば，炉心溶融が起こる前に制御できた可能性もあると考えられている（石川 2014）。

　福島第一原発から南方に12kmほど行ったところに福島第二原発がある（図1-1参照）のだが，地震があった当日，第二原発も第一原発と同様に津波によりほぼ全域が浸水するという被害にあっていた。しかし，第二原発は炉心溶融による放射性物質の放出という事故には至らずに済んでいる。石川（2014）によると，第二原発では，津波で浸水した後も外部電源などの交流電源設備が使えたことで，原子炉を停止・冷却することができたのだと言う。したがって，福島第一原発のように放射性物質が周辺地域に放出されてしまうような事故が起こった主因は，電源が全く使えなくなってしまったことにあると言える。

1-1-2 事故の深刻さ

　ここで，福島原発事故がこれまで世界で起こった原発事故と比較してどれほど深刻なものであったかという点について説明しておきたい。

　2012年まで経済産業省下にあった原子力安全・保安院（現原子力規制委員会）の試算によると，表1-1のように，福島原発事故による放射性

表1-1　大気中への放射性物質放出量のチェルノブイリ原発事故との比較

	物理学的半減期	福島第一原発事故	チェルノブイリ原発事故
ヨウ素131	8日	16	180
セシウム134	2年	1.8	4.4
セシウム137	30年	1.5	8.5
ストロンチウム90	29年	0.014	0.8
プルトニウム239	2.4万年	$0.003 \cdot 10^{-4}$	0.003
ヨウ素換算した時の総放出量	−	77	520

単位：京ベクレル（= 10^{16}Bq）
出典：復興庁（2012），農林水産省（2011）。

物質の総放出量は約77京ベクレルであり，この量はチェルノブイリ事故の時に放出された放射性物質の総放出量（520京ベクレル）と比較すると約7分の1程度であると言う（原子力災害対策本部 2011）。しかし，INES（国際原子力事象評価尺度）[*6]の評価では，福島原発事故はチェルノブイリ原発事故と同じレベル7の評価を受けており，これまで世界各地で起こった原子力事故と比較しても非常に深刻な事故であったと言うのは確かである。

1-1-3 レベル7の評価

では，このレベル7とはどういった評価なのか，図1-2を見ながら考えたい。

図1-2　INES（国際原子力事象評価尺度）
出典：IAEA（2009）。

---

*6　INES（International Nuclear Event Scale）とは原子力事故・トラブルの度合いを評価する国際的な指標であり，国際原子力機関（IAEA）と経済協力開発機構（OECD）の原子力機関（NEA）によって策定されている。

INESの国際原子力事象評価尺度では，図のようにレベル1～3までの原発事故を「異常な事象」という呼び方で評価しているが，レベル4以上からは「事故」という言葉で評価している。この「事象」と「事故」の違いは，英語の incident（事象）と accident（事故）の違いから来ている。「事象」は放射線による火傷といった人命が失われる危険性のある出来事が起こった場合に使われる言葉であるが，「事故」は実際に人命が失われてしまうという事件が起こったことを指している。したがって，INESの原発事故に関する評価尺度で，レベル3以下で「事象」という言葉が使われているのに対し，レベル4以上では「事故」という言葉が使われているのも，レベル4以上では原発事故によって放出された放射線によって少なくとも死亡者が1人以上出ていることが基準となっているからである。

　福島原発事故のレベル7の評価は，そのようなレベル4以上の事故の中でも最も深刻なレベルの事故と認定されたことを意味する。レベル7の評価の認定基準は「計画された広範な対策の実施を必要とするような，広範囲の健康および環境への影響を伴う放射性物質の大規模な放出」（IAEA 2009）となっているが，次に説明するように，福島原発事故では，少なくとも原発から半径20km圏内の人々に避難勧告が出たことからも，本事故は放射性物質が広範囲かつ大規模に放出された深刻な事故であったことがわかる。

1-1-4 事故による避難者数

　事故後の避難者数についても見ておきたい。

　放射性物質の拡散による周辺地域の住民の生命・身体への危険を防止するために，2011年4月以降，福島第一原子力発電所から半径20km以内の地域は警戒区域に指定され，立ち入りが制限・禁止されることになった。さらに，20km圏外の区域に関しても，事故後1年間の被ばく線量の合計が20ミリシーベルトになりそうな区域に関して，計画的避

表 1-2　各避難区域からの避難者数

区域	人数
警戒区域	約 7 万 8,000 人
計画的避難区域	約 1 万 10 人
緊急時避難準備区域	約 5 万 8,510 人
合計	約 14 万 6,520 人

出典：東京電力福島原子力発電所事故調査委員会（2012）。

難区域，緊急時避難準備区域，特定避難勧奨地点などが設定された。そして，表 1-2 にあるように，このように設定された各避難区域からの事故後の避難者数は，原発から半径 20km 圏内では約 7 万 8,000 人，20km 圏外から 6 万 8,520 人となっている。東京電力福島原子力発電所事故調査委員会（2012）によると，福島原発事故による避難者数は，これらを総計した約 14 万 6,520 人にも及ぶと言われている。

1-2　放射性物質に関する基礎知識

　本節では，まず放射性物質の農産物への影響を考える上で重要である放射性物質に関する基礎的な知識を示し，政府が安全対策として設定した放射性物質の基準値について説明する。その上で，福島原発事故後，具体的にどういった農林水産物において放射性物質が検出されたかについて見ていきたい。

1-2-1　放射線・放射性物質・放射能

　一般に高いエネルギーを持って高速で飛ぶ粒子や電磁波を放射線と呼ぶが，この放射線を出す物質が放射性物質である。また放射線を出す性質や能力のことを放射能という。図 1-3 を参照しながら，放射線，放射性物質，放射能を光，ホタル，光を放つ能力にそれぞれたとえて説明す

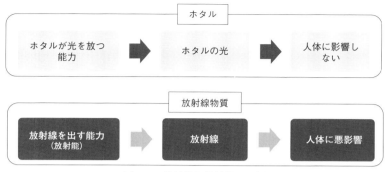

図1-3　放射線と放射能の関係

ると，ホタルから放たれる光が放射線，光を放つホタルが放射性物質で，ホタルの光を放つ能力が放射能ということである。ただし，放射線や放射性物質の光やホタルとの大きな違いは肉眼では見えず，しかも人体に悪影響を及ぼす可能性が大きいという点である。放射性物質は物質であるため，特殊なカメラなどを用いれば見えるようにすることも可能ではあるが，非常に小さな粒子状の物質であるため，仮に地面，建物，動植物などに付着していたとしても，通常は肉眼で確認することは不可能である。放射性物質から放たれる放射線も目には見えないため，知らぬ間に被曝する危険性があると言える。

1-2-2 被爆

ここで，被曝について簡単に解説しておく。被曝とは人体が放射線にさらされることだが，被曝には人体の外側から放射線を浴びる外部被曝と放射性物質を含む水や食べ物を摂取することにより体内から放射線を浴びる内部被曝がある。

被曝というと日本では広島や長崎に投下された原子爆弾のイメージから即危険なものと感じる人も多いかもしれないが，実は，微量ではあるが放射線は地球誕生時から我々の身の回りに存在しており，昔から我々

は自然からの放射線によって少なからず被曝しているのである。こういった自然界に元々ある放射線は「自然放射線」と呼ばれ，人類は皆少なからず毎年一定量の自然放射線を浴びている。

ではなぜ被曝が人体に有害なこととして恐れられているのか。それは，放射線を浴びる量が多いと人体に悪影響を及ぼすことになるからである。そこで，どれくらいの被曝をしたら人体に害を与えると言われているのかを理解するために，次に放射線の単位について説明したい。

1-2-3 放射線の単位

まず，放射性物質の放射能の強さを表す単位としてベクレル（Bq）がある。先ほどのホタルの例でいうと，ホタルの放つ光の強さを単位に換算したものである。ベクレルは，1896年に世界で最初に放射線を発見したフランスの物理学者であるアントワーヌ・アンリ・ベクレル（Antoine Henri Becquerel）にちなんで名付けられた単位である。ベクレルは，1秒間に崩壊する放射性物質の原子の数で放射能の強さを示すため，仮に10秒間で400個の原子が崩壊する放射性物質であれば，その放射能は40ベクレルになる。一般にベクレルは単独で使われるのではなく，ベクレル毎kg（Bq/kg），ベクレル毎リットル（Bq/L），ベクレル毎立方メートル（Bq/m^3）というように，重さや体積当たりの放射能の強さで表されることが多い。

放射線の強さを理解する上で重要なもうひとつの単位としてはシーベルト（Sv）がある。シーベルトは，放射線が人体に及ぼす影響を表す単位である。シーベルト（Sv）は単位として大きいため，シーベルトの千分の一であるミリシーベルト（mSv）や百万分の一であるマイクロシーベルト（μSv）が使われることが多い。シーベルトは20世紀初頭から半ばにかけて放射線が人体に与える影響に関する研究で功績を残したスウェーデンの物理学者ロルフ・マキシミリアン・シーベルト（Rolf Maximilian Sievert）が語源となっており，「ミリシーベルト／年」といっ

たように，時間当たりにどれくらい放射線の影響を受けたかといった形で使われる。先ほどの自然放射線を例に，人類が自然放射線によって被曝する量をシーベルトで表現すると，被曝線量は約年間 2.4 ミリシーベルトほどであると言う（放射線科学センター 2013）。

1-2-4 被爆線量の上限

では，日本ではどれくらいの被曝が害を与えると考えられているかというと，自然放射線から被曝する量を除いて年間で 1 ミリシーベルト以上の放射線を浴びることが良くないとされている。この 1 ミリシーベルトという被曝量が科学的に望ましい量なのかどうかについては未だ論争はあるものの，2011 年 11 月 11 日，日本政府は，ICRP（国際放射線防護委員会[*7]）の勧告（日本アイソトープ協会 2009）に基づき，1 年間に一般公衆が受ける放射線量を自然放射線から被曝する量を除いて 1 ミリシーベルト以下に抑えることを決定している。この 1 ミリシーベルトという値は，人類が自然放射線によって被曝する年間 2.4 ミリシーベルトの量と比較しても低い値である。

1-2-5 日本における食品中の放射性セシウムの基準値

この被曝線量の上限を基に，日本政府は，2012 年 4 月以降，1kg の食品中に含まれる放射性セシウムに関して表 1-3 のような基準値を設けている。食品中の放射性物質の基準値に放射性セシウムが使われているのは，表 1-1 のようにセシウムの半減期は他の放射能各種と比べて物理学的半減期が長く，福島原発の事故ではセシウムの大気中への放出量が多かったためである。

震災直後から 2012 年 3 月までは，年間での被曝線量限度を 5 ミリシー

---

*7 ICRP（International Commission on Radiological Protection）は放射線防護に関する専門家から構成されている委員会であり，1950 年に放射線の安全基準を勧告することを目的として設立された国際組織である。

表1-3　日本における食品中の放射性セシウムの基準値（Bq/kg）

2012年3月まで （被曝線量限度：1mSv）		2012年4月以降 （被曝線量限度：1mSv）	
食品群	規制値	食品群	基準値
飲料水	200	飲料水	10
牛乳・乳製品	200	牛乳	50
野菜類	500	乳児用食品	50
穀類	500	一般食品	100
肉・卵・魚・その他	500		

出典：厚生労働省（2012）。

ベルトとする基準を暫定基準値として用いていたが，2012年の4月以降からはより一層の安全性の確保を目的として，被曝線量限度を1ミリシーベルトとする，より厳しいICRPの基準値が用いられている。

　表のように，基準値はシーベルトではなくベクレルで設定されているので，その意味を補足しておくと，表にあるような基準値内しか放射性セシウムを含まない食品であるのなら，それを毎日食べたとしても人体への放射能の影響に1ミリシーベルト以内には収まると言うわけである。

1-2-6 国際比較で見た食品中の放射性セシウムの基準値

　では，この現況の日本における食品中の放射性セシウムの基準が厳しいかどうかと言うと，基準値だけを比較すると，表1-4を見るとわかるように，EUやアメリカの基準値と比べて低い値となっている。

表1-4　食品中の放射性セシウムの基準値の国際比較（Bq/kg）

	日本（現況）	EU	米国
飲料水	10	1,000	1,200
牛乳・乳製品	50	1,000	1,200
乳児用食品	50	400	1,200
一般食品	100	1,250	1,200

出典：内閣官房（2011）。

一見，国際的に見て厳しい基準値であると思う人が多いのではないだろうか。しかし，EU やアメリカの基準値が日本と比べて高い値に設定されているのは，EU やアメリカでは福島原発事故のような大量の放射性物質が放出されるような原発事故は起こっておらず，日本と比べると放射能に汚染された食品が流通する危険性が極めて低いからである。そのため EU やアメリカも，福島原発近辺の食品に対しては，放射能汚染の危険性が高いことから輸入を規制したり，日本が 2012 年 4 月以降に設定した放射線物質に関する基準値を満たしていないと輸入を認めないといった措置をとったりしている。そういう意味で，日本の現況の基準値が国際的に見て厳しいということは一概には言えないのである。

　では次に，実際に原発事故後どれくらいの放射性物質が農林水産物に検出されたのかということを，表 1-3 の基準値との比較で見ていきたい。

1-3　原発事故後の農林水産物における放射性物質検出の実態

　原発事故直後，福島原発周辺の地域では，玄米，野菜，果実，きのこ・山菜類など様々な農産物から放射性物質が検出されている。こういった農林産物から放射性物質が検出されたのは，放射性物質が農作物の表面に付着し，作物が放射性物質を葉から吸収したり，土壌に降下した放射性物質を根から吸収したりしたためだと言われている。したがって，ホウレンソウのように，葉を広げた形態の野菜では，特に高い放射線量が検出されている。果実に関しては，原発事故のあった 2011 年 3 月時点で実がつきはじめていたウメ，ユズ，ビワといった作物から高濃度の放射性セシウムが検出されている。放射性物質の中でも物理学的半減期の長いセシウムは，長期に渡って土壌中に残留するため，原発周辺地域の土壌の放射能汚染は深刻であった。

　林産物における放射能汚染に関しては，きのこ・山菜類は放射性物質

を集めやすい特性があることが知られており，高い放射線量が検出されている。特に原木シイタケの生産で用いられる原木に放射性物質が付着していた場合，この原木によって栽培されたシイタケには高濃度の放射性物質が検出される可能性が高くなる。そのため，福島県以外の東北地方や茨城県，栃木県でも，政府の指導の下，放射能汚染が懸念されている一部の地域ではきのこ・山菜類の出荷制限が行われている。

1-3-1 農林産物における放射能汚染の実態

では，事故以降，先ほど説明した食品中の放射性物質の基準値と比べてどの程度の放射性物質が農林産物から実際に検出されているのか，表1-5を参照しながら見てみよう。

表1-5は，原子力災害対策本部が指定した検査対象自治体である17都県が行った検査結果を示している。表は，農林産物の全検査サンプル

表1-5 農林産物の検査サンプルに占める基準値超過サンプルの割合

	米			野菜		
	検査点数	50Bq/kg超 100Bq/kg以下	100Bq/kg超	検査点数	50Bq/kg超 100Bq/kg以下	100Bq/kg超
2011年度	26,464	3.1%	2.2%	12,671	1.2%	3.0%
2012年度	約1,037万	$2.0 \cdot 10^{-4}$%	$8.1 \cdot 10^{-6}$%	18,570	$5.4 \cdot 10^{-4}$%	$2.7 \cdot 10^{-4}$%
2013年度	約1,104万	$7.4 \cdot 10^{-5}$%	$2.5 \cdot 10^{-6}$%	19,657	$1.0 \cdot 10^{-4}$%	0%

	果実			きのこ・山菜類		
	検査点数	50Bq/kg超 100Bq/kg以下	100Bq/kg超	検査点数	50Bq/kg超 100Bq/kg以下	100Bq/kg超
2011年度	2,732	7.5%	7.7%	3,856	7.7%	20.2%
2012年度	4,478	1.3%	0.3%	6,588	8.6%	9.2%
2013年度	4,243	0.7%	0%	7,581	4.2%	2.6%

出典：農林水産省（2013a，2013b）を基に筆者が作成。
注： 2011年度は2011年3月～2012年3月，2012年度は2012年4月～2013年3月，2013年度は2013年4月～2014年3月の原子力災害対策本部が指定した検査対象自治体17都県（福島県，茨城県，栃木県，群馬県，千葉県，神奈川県，宮城県，岩手県，青森県，秋田県，山形県，新潟県，長野県，埼玉県，東京都，山梨県，静岡県）の集計結果である。

の中で現行の一般食品に対する放射性セシウムの基準値である100Bq/kgを超えたサンプル数の割合を表している。表では農林産物から検出された放射性セシウムの放射線量が50～100Bq/kg以下のサンプル数の割合についても載せている。

まず事故の起こった2011年度の米に関しては，検査が実施された26,464の米袋のサンプルのうち，592の米袋で1kg当たり100Bq以上の基準値超えの放射線量が検出されており，これは表のように全検査サンプルの2.2%を占めている。2012年度，2013年度になると基準値を超える放射線量が検出されたサンプル数はかなり減ったが，それでも基準値を超えたサンプルが全くなくなると言うところまでには至っていない。

野菜[*8]に関しても2011年度の検査サンプルでは，全検査点数の3%ほどの作物のサンプルにおいて100Bq/kgの基準値を超える放射線量が検出されている。日本における消費量が多い野菜のうち，基準値超えをした野菜としては，キャベツ，トマト，レタス，ネギ，ブロッコリー，ホウレンソウ，イチゴ，オオバ，コマツナ，シソ，ニラなどが挙げられる。一方，消費量の比較的多い野菜の中で100Bq/kgの基準値を超える放射線量が見つかっていない野菜を挙げておくと，タマネギ，ニンジン，ダイコン，キュウリなどがある。2012年度では基準値を超える野菜はかなり少なくなっており，2013年度に入ると全検査サンプルにおいて基準値を超える野菜が見つかることはなくなっている。

果実に関しては，2011年度は米と野菜との比較で高い割合で基準値超えのサンプルが見つかっている。しかし，2012年度に入ると，表1-5のように基準値超えのサンプルは，全検査サンプルの0.3%となっている。そして，2013年度では全サンプルにおいて基準値超えの放射性セシウムは検出されなくなっている。2011年度の検査で基準値以上の放射性物質が検出されている果実としては，ウメ，カキ，キウイフルーツ，

[*8] 本書での野菜と果実の分類は，農林水産省の作物統計に従っている。

ブルーベリー，ミカン，モモ，ユズ，ビワ，クリ，スモモ，ビワなどが挙げられる。これらの果物の多くは，先ほども述べたように実がつき始める時期が事故の起こった3月頃であることと関係していると考えられている。実際，実がつき始める時期が5月以降であるリンゴやナシといった果実からは，全検査サンプルにおいて基準値を超える放射性物質は見つかっていない。

　農林産物の最後として，きのこ・山菜類の検査結果について説明すると，表1-5を見るとわかるように農林産物の中では最も基準値超えのサンプルの割合が高い結果となっている。このような検査結果が出ているのは，きのこや山菜類は特に他の植物と比べても放射性物質を吸収しやすい性質を持っていることが関係していると考えられている。実際，きのこ・山菜類に関しては事故から2年後の2013年度においても2%以上の検査サンプルにおいて基準値を超える放射性セシウムが検出されている。

1-3-2 畜産物における放射能汚染の実態

次に，畜産物の放射能汚染の実態について見ていく。

　震災直後，畜産物からも高濃度の放射性物質が見つかっており，畜産物の放射能汚染の原因としては，牛に対して原発事故直後に収穫した稲わらなどを飼料として与えていた可能性が指摘されている（農林水産省生産局 2011）。このため，家畜に与える飼料に含まれる放射性セシウムに関しても，表1-6にあるような暫定許容値が定められており，政府は

表1-6　飼料中の放射性セシウムの暫定許容値

家畜の種類	暫定許容値
牛・馬用飼料	100Bq/kg
豚用飼料	80Bq/kg
家禽（きん）用飼料	160Bq/kg

出典：消費庁（2014）。

畜産農家に対して，家畜に与える飼料に含まれる放射性セシウムが，この暫定値以上にならないように勧告している。畜産物の放射能汚染は，放射性物質を含む飼料による汚染だけでなく，家畜が飲む水からの汚染も起こりうるため，政府は原発近辺の畜産農家に対して，家畜が摂取する飲料水に関しても貯水槽にふたをするなどの防止対策も行うよう勧告している。

では，畜産物についても原発事故以降に食品中の放射性物質の基準値と比べて，どれほどの放射性物質が検出されているか見てみよう。

まず，原発事故のあった2011年度の食肉については，表1-7のように，牛肉，豚肉ともに全検査サンプル中の1%弱ではあるものの，基準値を超える放射線量が検出されている。しかし，2012年度になると基準値を上回る放射線量はほとんど検出されておらず，2013年度に入ると基準値を上回るサンプルは全く検出されていない。

次に原乳に関しては，乳幼児が摂取することも考慮して放射性セシウ

表1-7　畜産物の検査サンプルに占める基準値超過サンプルの割合

	牛肉			豚肉		
	検査点数	50Bq/kg超 100Bq/kg以下	100Bq/kg超	検査点数	50Bq/kg超 100Bq/kg以下	100Bq/kg超
2011年度	92,683	データなし	1.2%	529	データなし	1.1%
2012年度	148,644	$6.7 \cdot 10^{-6}$%	$4.0 \cdot 10^{-5}$%	773	$2.6 \cdot 10^{-4}$%	$1.3 \cdot 10^{-4}$%
2013年度	163,767	$2.4 \cdot 10^{-5}$%	0%	619	0%	0%

	原乳		鶏卵		
	検査点数	50Bq/kg超	検査点数	50Bq/kg超 100Bq/kg以下	100Bq/kg超
2011年度	1,919	0.42%	419	データなし	0%
2012年度	2,421	0%	464	0%	0%
2013年度	2,040	0%	311	0%	0%

出典：農林水産省（2013c）を基に筆者が作成。原乳に関しては消費庁（2014）の資料を使用。
注：　牛肉，豚肉，鶏卵の2011年度は2011年3月～2012年3月，2012年度は2012年4月～2013年3月，2013年度は2013年4月～2013年12月の検査結果である。検査結果の集計対象は検査対象自治体となっている17都県である。

ムの基準値は1kg当たり50Bqとなっているが、基準値を上回ったのは2011年度だけであり、2012年度以降は基準値を上回る放射線量は検出されていない。2011年度に関しても、基準値を上回ったサンプルが全検査サンプルに占める割合は1%以下であった。

鶏卵に関しては、2011年度の時点で基準値を超える放射性物質が全検査サンプルにおいて検出されておらず、畜産物の中では早い段階から放射能に汚染されるサンプルが検出されなくなっていたと言える。

1-3-3 水産物における放射能汚染の実態

ここでは、水産物における放射能汚染の実態を見てみる。

福島第一原発事故後、大量の放射能に汚染された水が海に流出したため、福島第一原発近辺の海では高濃度の汚染魚が発見されている。表1-8は、水産物に関する検査サンプル全体に占める基準値超えの魚介類のサンプル数を表しているが、事故のあった2011年度の福島県における基準値超えのサンプルの割合は非常に高かったことが見て取れる。福

表1-8 水産物の検査サンプルに占める基準値超過サンプルの割合

	福島県の魚介類全体		福島県以外の魚介類全体	
	検査点数	100Bq/kg超	検査点数	100Bq/kg超
2011年度	3,606	34.7%	4,970	4.5%
2012年度	6,917	12.7%	12,648	1.7%
2013年度	8,521	2.8%	12,174	0.5%

	サケ		クロマグロ		ヒラメ		ワカメ	
	検査点数	基準値超	検査点数	基準値超	検査点数	基準値超	検査点数	基準値超
2011年3月～2015年8月	438	0%	37	0%	4,139	2.2%	571	0%

出典：農林水産省（2013d）より作成。魚介類全体に関しては消費庁（2014）を使用。
注： 個別の魚種の基準値に関しては、2012年4月以前は500Bq/kgの暫定基準値を、4月以降は100Bq/kgの現行の基準値を用いている。2011年度は2011年3月～2012年3月、2012年度は2012年4月～2013年3月、2013年度は2013年4月～2014年3月の検査結果である。検査結果の集計対象は検査を実施した全国の都道府県である。

島県のサンプルに関しては 2013 年度になっても 3％近くものサンプルで基準値を超えていたことがわかる。このため 2012 年において，福島県沖で漁獲された魚介類に関しては，アイナメ，イシガレイ，クロダイ，ヒラメ，スズキなどを含む実に 28 品目において出荷制限の措置が取られている。一方，福島県以外の魚介類に関しては，全検査サンプルに占める基準値超えサンプルの割合は，表 1-8 の福島県の値と比べるとかなり低い値となっていることが見て取れる。表のように，2013 年度の福島県以外の魚介類においては，基準値超えのサンプルの割合は，1％にも満たない程度にまで低下している。

また魚種別に見るとサケやクロマグロなど，回遊性の高い魚種では，基準値を超えたサンプルは政府が公開している全国を対象に実施した調査サンプル中には見つかっておらず，ワカメといった海藻類についても基準値を超えるサンプルは 2015 年現在まで見つかっていない。しかし，カレイやヒラメといった海底近くを生息域としている魚種では，依然として基準値を超えるサンプルが見つかっている。海底近くに生息する魚介類から高濃度の放射性物質が発見されているのは，海水中に放出された放射性物質は海底に堆積するためであると考えられている。しかし，放射性セシウムは粘土に吸着する性質を持っており，粘土に吸着したセシウムを魚介類などが体内に取り込むことはあまりないということも言われている。したがって，カレイやヒラメといった魚介類で高濃度の放射性物質が見つかっていることと，これらの魚種が海底を生息域としていることが直接関係しているのかについては今のところわかっていない。

1-3-4 今後の課題

以上，福島第一原発事故の農林水産物への影響は，事故直後の 2011 年度においては，政府が設定している安全基準を超える放射性物質が検出されるなど多大な影響が出ていたと言えるが，時間とともに基準値を上回るような放射線量はあまり検出されなくなっており，農林水産物へ

の影響は抑制されつつあると言える。そういう意味で高濃度の放射性物質を含む食品が市場に出回ってしまう危険性もかなり減ってきていると考えられる。

しかし，きのこ・山菜類といった林産物や一部の水産物においては，現在に至るまで基準値を上回る放射性セシウムが検出されるという結果も出ており，食品の摂取による内部被爆の危険性がなくなったとまでは言えない状況が続いていることも否めない。

したがって，今後も様々な農林水産物において放射性物質の検査を続け，危険性のある食品が市場に出回らないよう厳重に対策を講じていくことが重要である。

参考文献

石川迪夫（2014）『考証福島原子力事故──炉心溶融・水素爆発はどう起こったか』日本電気協会新聞部。

原子力災害対策本部（2011）「原子力安全に関するIAEA閣僚会議に対する日本国政府の報告書──東京電力福島原子力発電所の事故について」経済産業省 http://www.meti.go.jp/earthquake/nuclear/backdrop/20110607001.html（最終アクセス2015年8月19日）

厚生労働省（2012）「食品中の放射性物質の新たな基準値について」http://www.mhlw.go.jp/topics/bukyoku/iyaku/syoku-anzen/iken/dl/120117-1-03-01.pdf（最終アクセス2016年7月25日）

国土交通省国土技術政策総合研究所（2005）「スマトラ島沖大地震及びインド洋津波被害に関する緊急研究（速報）」国土交通省国土技術政策総合研究所沿岸海洋研究部沿岸防災研究室 http://www.nilim.go.jp/lab/beg/foreign/kokusai/sumatera2005.pdf（最終アクセス2016年7月19日）

消費庁（2014）「食品と放射能Q＆A」（第9版）http://www.caa.go.jp/jisin/pdf/141113_food_qa.pdf（最終アクセス2015年8月19日）

東京電力（2012）「東京電力福島原子力事故調査報告書」（平成24年6月20日）http://www.tepco.co.jp/cc/press/betu12_j/images/120620j0303.pdf（最終アクセス2015年8月19日）

東京電力福島原子力発電所事故調査委員会（2012）『国会事故調報告書』徳間書店

内閣官房（2011）「食品中の放射性物質の新たな規制値の設定について」http://www.cas.go.jp/jp/genpatsujiko/info/osen/k_dai2/siryou2.pdf（最終アクセス 2016 年 7 月 25 日）

七山太／斉藤文紀／ Aziz, S.／ Jamal, S. T.（2007）「2006 年 7 月 17 日ジャワ島南西沖地震津波による被災状況と土砂移動現象」『地質ニュース』636，pp.42-51

日本アイソトープ協会（2009）「国際放射線防護委員会の 2007 年勧告」（ICRP Pub. 103）社団法人日本アイソトープ協会

農林水産省（2011）「放射性物質の基礎知識」http://www.maff.go.jp/j/syouan/soumu/saigai/pdf/1_kiso.pdf（最終アクセス 2016 年 7 月 25 日）

農林水産省（2013a）「平成 24 年度までの農産物に含まれる放射性セシウム濃度の検査結果の概要」http://www.maff.go.jp/j/kanbo/joho/saigai/s_chosa/H24gaiyou.html（最終アクセス 2016 年 7 月 25 日）

農林水産省（2013b）「平成 25 年度の農産物に含まれる放射性セシウム濃度の検査結果（平成 25 年 4 月〜平成 26 年 3 月）」http://www.maff.go.jp/j/kanbo/joho/saigai/s_chosa/H25gaiyo.html（最終アクセス 2016 年 7 月 25 日）

農林水産省（2013c）「畜産物中の放射性物質の検査結果について」http://www.maff.go.jp/j/kanbo/joho/saigai/seisan_kensa/index.html（最終アクセス 2016 年 7 月 25 日）

農林水産省（2013d）「水産物の放射性物質調査の結果について」http://www.jfa.maff.go.jp/j/housyanou/kekka.html（最終アクセス 2016 年 7 月 25 日）

農林水産省生産局（2011）「牛肉・稲わらからの暫定規制値等を超えるセシウムの検出について」http://www.maff.go.jp/j/kanbo/joho/saigai/gyuniku_kaigi/pdf/p1-.pdf（最終アクセス 2015 年 8 月 19 日）

復興庁（2012）「避難住民説明会等でよく出る放射線リスクに関する質問・回答集」http://www.reconstruction.go.jp/topics/20121225_risukomisiryour1.pdf（最終アクセス 2016 年 7 月 25 日）

放射線科学センター（2013）『放射線の豆知識──暮らしの中の放射線』大学共同利用機関法人高エネルギー加速器研究機構放射線科学センター

EIC ネット（環境情報提供システム）（2012）「炉心溶融」http://www.eic.or.jp/ecoterm/?act=view&serial=4118（最終アクセス 2016 年 7 月 20 日）

IAEA（International Atomic Energy Agency）（2009）『INES 国際原子力・放射線事象評価尺度ユーザーマニュアル 2008 年版』IAEA and OECD/NEA

第2章

風評被害とは何か

　本書では，福島県などの原発近辺の農林水産業が風評によって受けている経済的被害を緩和し，原発近辺の地域経済の復興に有効な風評被害対策を実行する際の有用な資料を提供することを目的としているが，そのためにも本章では風評被害の言葉上の意味や，風評被害が起こる原因について説明する。まず，第1節では本書で使用する「風評被害」を定義し，第2節では風評被害につながる要因について見ていく。

2-1　風評被害とは？

　本書で扱う風評被害は，福島原発事故に伴う原発近辺の農林水産物に対する風評被害であるが，まず一般的に風評被害がどう定義されているかについて説明したい。『風評被害』の著者である関谷（2011）によれば，風評被害とは，「ある社会問題（事件・事故・環境汚染・災害・不況）が報道されることによって，本来『安全』とされるもの（食品・商品・土地・企業）を人々が危険視し，消費，観光，取引をやめることなどによって引き起こされる経済的被害のこと」（関谷 2011：12）であると言う。風評は，世間に広がっている噂を意味するが，風評被害は，この噂の基と

なっている情報が真実なのかどうかがはっきりしていないにもかかわらず，人々が噂を真に受けてしまうことで起こる被害をいう。すなわち，ある商品に関する噂の内容が真実に反するものであったり，明確な根拠に基づかないものであったりするにもかかわらず，人々が噂を信じてしまうことでその商品を購入しないような場合に起こる損害を風評被害というのである。一方，ある商品に関する噂が根も葉もないものではなく，何らかの根拠に基づくれっきとした事実である場合は，人々がこの商品を買うのを控えるのには合理的な理由があるため，風評被害とは呼ばないのである。

では，このような風評被害の一般的な定義を基に，本書で扱う原発事故後の福島原発に近い地域で生産された農林水産物における風評被害について定義したい。まず，原発事故後に起こった風評被害は，原発近辺を産地とする農林水産物の安全性に関する噂や情報が何らかの根拠に基づくかどうかにかかわらず，人々が風評を鵜呑みにして原発近辺を産地とする農林水産物を買うのを避けることで，原発近辺の農林水産業者の収益が減ってしまう経済的被害のことである。

これを基に本書では，次の2つのいずれかの条件が満たされている場合を風評被害であると定義したい。第一の条件は，原発近辺を産地とする農林水産物の安全性に関する噂や情報が何の根拠も持たない場合である。第二の条件は，農林水産物の安全性に関する情報によって人々の行動が影響される際に，人々が風評の真偽について自分で判断することなく風評に流されて行動している場合である。

したがって，本書では，情報の真偽について自分で判断した上で，何らかの根拠に基づいて，原発近辺を産地とする食品の購入を回避している人の行動は，風評被害ではないという立場に立って議論を進めていく。すなわち，放射線について年齢の低い人ほど放射線からの影響を受けやすいといった知識があり，幼い自分の子供への影響を懸念して福島県産の食品を買い控えているといった消費者は，何の根拠もなく風評だけが

原因で購入を回避しているとは考えられないため，本書ではこういった消費者の行動が与える影響は必ずしも風評被害とは言えないという立場を取る。一方，放射線に関して何の知識も持たずに，自分で原発近辺の食品の安全性に関する情報の真偽を確かめることもなく，産地が原発に近い食品は放射能に汚染されている危険があるという情報を鵜呑みにして，原発近辺を産地とする食品の購入を回避する人の行動が与える影響は，風評被害であるということにしたい。

では次に，風評被害が起こる原因について考察し，なぜ政府が設定した安全基準を満たした食品であっても福島原発近辺で生産された食品を買い控える消費者がいるのかということについて考えていきたい。

2-2 風評被害の起こる原因

福島原発近辺で生産された農林水産物において風評被害が起こる理由には，人々の心理的な要因が影響している部分が大きいと言えるが，本書では原発近辺の農林水産物に対する人々の購入意欲を中心に分析していることもあり，ここでは経済学の視点から考えられる原因を挙げていきたい。経済学的視点で風評被害が起こる原因について見ていくと，主に次の3つの点が影響していると考えられる。第一に，農林水産物には代替財があるという点である。第二に，農林水産物の安全性に関する情報は不確実性を伴うという点である。そして第三に，農林水産物の生産者と消費者間には情報の非対称性があるという点が挙げられる。そこで本節では，この3つの側面から原発近辺で生産された農林水産物における風評被害の原因について見ていきたい。

2-2-1 代替財の多い農林水産物

まず，農林水産物の場合は代替財が多くあるために，風評被害が起こ

りやすいという点について説明する。代替財とは，米の代わりにパンを消費するといったように，ある財の代わりとして消費される財のことを言う。代替財は経済学の分野で，ある財の価格が上昇した時に，その財の代わりとして消費量が増える財として定義されているが，米とパンといったように形状や味の異なる商品であっても，一方の財の値段が上昇したり入手が困難になったりした場合に，消費者がその財の代わりとして消費しても良いと考えて購入するような財をいう。

今回の原発事故後，福島原発近辺で生産された農林水産物において価格が下落したのは，これらの産地で生産されているほとんどの農林水産物には，原発から離れた地域で生産された農林水産物という代替財があり，多くの消費者が原発から離れた地域の農林水産物を代替財として買うようになったことが原因であると言える。このような消費のシフトが起こるのは，今回価格が下落している農産物には産地が違うというだけの代替財があり，代替財間で質の差があまりないためである。そして，農林水産物のように類似の代替財が多くある財で風評被害につながりやすいのは，仮に原発近辺で生産された農林水産物が安全でないという噂が流れたとしても，消費者は代替財を買うだけで噂が本当だった場合に被るリスクを回避できるため，わざわざ噂の真偽を確かめるという労力を費やす必要性がないからである。このように，農林水産物には代替財が多く存在し，違いが産地だけという場合が多く，どうしてもある地域の農産物でないと満足できないという財はほとんどない。そのため，悪い噂が流れると噂の流れた財の代替財に対する消費が増えることで風評被害は大きくなりやすいと言える。

しかも，噂の真偽を自分で確かめるのが面倒な消費者は，そもそも原発周辺地域の農林水産物の安全性の真偽に関する問題に無関心であると考えられ，政府がいかに安全性を高めるために厳しい基準を設けたところで，悪い噂が流れ続ける限りは代替財を買えば良いと考えているため，こういった消費者を対象とした風評被害対策は非常に困難であると言える。

2-2-2 情報の不確実性

次に風評被害のもうひとつの大きな原因となっている情報の不確実性の問題について取り上げたい。ここで、まず「不確実性」の意味についてコスタンザら（Costanza et al. 1997）の「リスク」と「真の不確実性」の概念を使って「リスク」との違いから説明しておきたい。コスタンザら（Costanza et al. 1997）によると、「リスク」とは、過去の経験から統計的に脅威の起こる確率がある程度把握されている事象をいう。たとえば、自動車を運転することによって事故が起こる危険性は「リスク」の問題である。自動車を運転することで事故が起きる確率や、どのような事故が起こる危険性があるかといったことは、過去の事故からある程度把握することが可能である。このように自動車事故は、ある程度その脅威を統計的に計測できるため、しばしば「リスク」の問題として扱われる。

一方「真の不確実性」は、現時点では統計的にある事象が起こる確率が把握されていない事象をいう。例えば、地球温暖化による海面上昇は、それがどれくらいの被害につながるかということを過去の事例や統計から予測することができないし、どれくらいの確率で被害が起こるかということも把握できない問題である。このように統計的に脅威が起こる確率を把握できない問題が「真の不確実性」の問題である。

情報の「不確実性」は情報に関して真の不確実性の問題があり、情報が正しいかについて統計的に把握できない状況をいう。

今回の福島原発事故によって起こった農林水産物の放射能汚染の問題に、この情報の「不確実性」を当てはめると、日本で原発事故により原発周辺の農林水産物が放射能に汚染するといった例は過去にないため、今回の原発事故による放射能汚染の問題は統計的に把握できない事象であると言える。したがって、原発近辺の農林水産物の安全性に関する情報には不確実性があり、原発近辺で生産された農林水産物において放射能汚染が見つかったといった噂が流れれば、放射能汚染の脅威に関する

情報は不確実性を伴った形式でしか消費者に伝えることができないと言える。このため、政府が設定した安全基準を満たした食品であっても、この情報に不確実性が伴うため、政府の流す情報を信頼せず購入しないという消費者が増えてしまい、風評被害につながってしまうのである。

しかし、様々な専門家や技術者が少しずつ安全性に関して定かでない部分を明らかにしていくことができれば、情報の不確実な部分が取り除かれていき、風評被害に関する情報の信頼性を高めていくことも可能である。したがって、今後も原発近辺の農林水産物の放射能汚染の実態について科学的な調査や放射能測定技術の向上につながるような政策を行い、それを発表していくことは、風評被害の払拭に有効であると言える。

2-2-3 情報の非対称性

ここでは、風評被害の原因の3つ目として挙げた農林水産物の生産者と消費者間の情報の非対称性の問題について考えたい。情報の非対称性とは、米を作っている生産者と米の消費者では持っている情報の質と量に大きな差がある状況をいう。原発近辺で生産された農林水産物の安全性に関する情報も、生産者と消費者では生産者の方が商品に対する情報を多く持っているため、情報の非対称の問題に直面していると言える。例えば、消費者は生産者と比べて販売されている食品がどういった土壌や肥料を使って栽培されているのかという情報を持っていない。また、消費者はどういった生産者が商品を作っているのかといった情報もないまま商品を購入していることが多い。このように、消費者は生産者と比べてその商品についての情報をあまり持っておらず、販売されている農林水産物の安全性については情報弱者なのである。そういう情報弱者である消費者が食品を買う際にその食品が放射性物質によって汚染された農林水産物なのかどうかを判断できるようにするためには、販売されている食品についての生産方法や生産者に関する情報を充分入手した上で商品購入の判断ができるような環境を作っていくことが必要である。

しかし，現状ではほとんどの食料品店で食品について提供されている情報と言えば産地や賞味・消費期限程度であり，充分な情報が提供されているとは言えない。したがって，産地だけを見て原発近辺で生産された農林水産物の購入を控える消費者が増えてしまい，原発近辺の生産者が風評被害にあうのは情報弱者である消費者の合理的判断によるものであるとも言える。

　しかし，購入を控える消費者も，その多くは現況で市場に出回っている農林水産物は，政府の食品中の放射性セシウムの基準値を満たさなければならないということや，政府が設定している基準値を熟知し，放射線に関する知識を持った上で原発近辺の農林水産物の購入を回避するという判断をしているわけではないであろう。ほとんどの消費者は，政府が原発事故後に行った食品の放射能汚染に関する具体的な対策や，人体に被害を及ぼすほどの放射性物質を含む食品が実際に市場に出回っているのかについて自分で調べることもなく，原発近辺の農林水産物の購入を避けているのではないだろうか。もしそうであるなら，この生産者と消費者の間の情報の非対称性を改善するような政策がとられれば，風評被害の是正につながる可能性があると言える。

2-2-4 情報の非対称性の是正

　では最後に，この情報の非対称性の是正にはどういった政策が効果的であるかという点についても経済学の視点を使って考えたい。経済学では，情報を持つ情報優位の経済主体が情報のない情報劣位の経済主体に情報を開示する行動のことをシグナリングと呼ぶが，この概念を使って，まず原発近辺の農林水産物に関する情報について優位である生産者から情報劣位の消費者に情報を開示することで情報の非対称性を是正していく方法について考えたい。シグナリングによる対策としては，販売している農林水産物の放射線値に関する情報を商品にラベルとして貼ることで，生産者が消費者に安全性に関するシグナル（情報）を開示するといっ

た方法が考えられる。具体的には，原発近辺の生産者が協力して，生産過程で用いられる土壌や肥料の放射線値を計測し，生産方法の面で安全であることが消費者に一目でわかるようなラベルを作成するといった対策が挙げられる。その他にも，消費者を生産地に招待して直接安全性について説明したり，安全性に関する講習会を開催したりするといった対策が考えられる。

　次に，原発近辺の農林水産物に関して情報優位である生産者側から情報を開示するのではなく，情報劣位である消費者側から情報を開示させることで情報の非対称性の問題を解消していく方法についても検討する。情報劣位の側から情報の非対称性を是正するような行動は，経済学ではスクリーニングと呼ばれている。スクリーニングによる原発近辺の農林水産物に関する情報の非対称性を是正していくための対策としては，食料品店などで生鮮売場に放射線測定器を設置し，消費者が食品を買う前に放射性物質を検査できるようにするといった方法が考えられる。このような方法で，消費者が自分で食品中の放射性物質に関する情報を入手することができるようになれば，情報の非対称性の是正につながっていくのではないだろうか。

　以上，風評被害の原因について見てきたが，問題の根本は原発近辺を産地とする食品の安全性について消費者が充分信頼できていないからであると考えられる。したがって，風評被害の影響を緩和していくには，情報の不確実性や情報の非対称性といった問題を解消できるような対策を今後も行っていくことが必要であると言える。そのためにも，本書では，全国の消費者を対象に行った原発近辺を産地とする農林水産物に関するアンケートの結果を基に，具体的にどのような情報があれば消費者は原発近辺の農林水産物の安全性について信頼を持てるようになるのかを明らかにしていきたい。

参考文献

関谷直也（2011）『風評被害——そのメカニズムを考える』光文社
Costanza, R., Cumberland, J., Daly, H., Goodland, R., and Norgaard, R.（1997）*An Introduction to Ecological Economics*. St. Lucie Press.

第3章

農林水産物市場の動向

　本章では，福島第一原発事故が起こった2011年前後の原発近辺を産地とする農林水産物の市場動向について見ていく。

　本書では，全国の約8,700人の消費者を対象としたアンケート調査を基に，福島第一原発近辺で生産された農林水産物に対する消費者の反応を分析し，風評被害の実態を明らかにすることを目的としているが，アンケートは福島県での生産量が多い米，キュウリ，リンゴ，生シイタケ，牛肉，豚肉，鶏卵，マグロ，ワカメの9品目の農林水産物を対象に実施している。

　そこで本章ではアンケート調査の対象品目となったこの9品目について，原発事故の農林水産物市場への影響を考察していく。具体的には，2011年前後の原発に地理的に近い都県を産地とする9品目の市場価格や取引額のデータを使って，事故による農林水産物市場への影響について見ていく。

3-1　原発事故後に価格が変化する原因

　価格や取引額のデータを紹介する前に，まず，原発事故後の原発近辺

の農林水産物の価格や取引額の変化に関して，価格が上昇する場合と下落する場合が考えられるが，それぞれについてどういう状況で起こり得るか説明しておきたい。

第一に，原発事故後に価格が上昇する場合について考えたい。原発事故後，津波や放射能汚染の影響で原発周辺の地域では，農林水産物の生産ができなくなったところもあった。そういう場所が増えた地域では，農林水産物の生産ができなくなった分だけ生産量が減少することになる。このような場合，経済学の需要と供給の関係で考えれば，需要が一定であると仮定すれば，供給量が減ることで相対的に需要の方が供給よりも多くなるため価格が上昇すると考えられる。

取引額に関しては，生産量が減った場合でも，価格が大きく上昇すれば取引額が上がる場合もあるため，価格の上昇の程度によって上がることもあれば下がることもあると考えられる。そういう意味で，このように，原発事故後に価格上昇が見られるケースについては，それが放射能汚染の影響によるものかを判断することは困難であると言える。

第二に，原発事故後，価格が下落する場合はどのような状況が考えられるだろうか。第2章で説明したように，農林水産物には代替財が多く存在する。したがって，消費者の多くが原発近辺で生産された農林水産物の安全性を懸念した場合，原発近辺の農林水産物を避けて，代替財である原発から離れた地域の農林水産物を購入する消費者が増えることが考えられる。そうなれば，原発に近い地域の農林水産物が売れ残るため，原発近辺を産地とする農林水産物の価格は下落すると考えられる。

このような原因によって原発近辺を産地とする農林水産物の価格が下がっているのであれば，取引額も下落していることが予想される。なぜなら，代替財への需要の上昇が原因で原発周辺地域の農林水産物の価格が下がっている場合は，原発に近い地域の農林水産物に対する需要の減少による売れ残りで価格が下がっているため，価格と取引量の両方が下がっており，この場合，取引金額も下がるからである。このような価格

と取引額の下落は，風評が広がれば広がるほど原発近辺で生産された農林水産物を避ける消費者が増えることで，よりいっそう進むと考えられる。したがって，原発事故後に原発に近い産地の価格や取引額が大きく下落しているような市場では，放射能汚染の影響で原発近辺を産地とする農林水産物に対する購買意欲が低下している状況にあると考えられる。

では以上の状況を踏まえて，2011 年前後で原発近辺の農林水産物市場がどう変化し，そのような変化がなぜ起こったかについて考察していこう。

3-2　2011 年前後の原発付近の農林水産物市場の動向

3-2-1 米の価格と産出額

図 3-1 は，2011 年前後の福島県，宮城県，茨城県，栃木県，山形県を産地とする 60kg 当たりの玄米の価格（円）と各県の総産出額（億円）のグラフである。

図から，価格，総産出額の両面で原発事故による影響を受けている産地は福島県と栃木県であることが推測できる。2010 年度の福島県と栃木県産の米価格は図の5県中，それぞれ3番目と2番目に高い水準であったが，2012 年度はともに順位を落とし，5県中5番目と4番目に低い価格となっており，原発事故後，福島県と栃木県産の米の価格は相対的に下落してしまったと考えられる。産出額についても，原発事故後の2012 年度の福島県と栃木県の産出額は，図の5県中それぞれ4位，5位の順位となっている。特に福島県産に関しては，2011 年度の産出額は5県中2位であったことから，事故による福島県産の米市場への影響は大きかったと考えられる。

ただし，価格，産出額の数値だけを見ると，どちらもともに事故前の水準と比べて事故後に上昇していることから，米に関しては福島県や栃

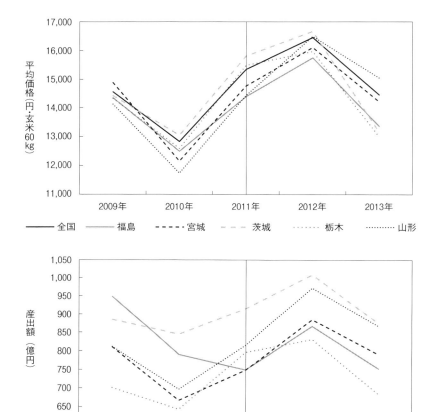

図 3-1 米の価格と産出額

出典:「平均価格」は農林水産省「米の相対取引価格・数量，契約・販売状況，民間在庫の推移等」より，「産出額」は農林水産省「生産農業所得統計」より．
注： 福島県の価格に関してはコシヒカリ（中通り，会津，浜通り）とひとめぼれの4つの価格の平均価格を使用．

木県産のものが特に消費者から避けられたかという点については，この図からだけでは判断できないと言える。それでも，山形県や宮城県産の米価格や産出額と比べると，福島県と栃木県産の米価格や産出額は事故後あまり増えておらず，事故後のこれらの産地の米価格は全国の米の平均価格と比べても低い水準にあることから，福島県と栃木県産の米に関しては，原発事故による売り上げへの影響が少なからずあったのではないかと考えられる。

3-2-2 キュウリの価格と取引額

次に，図 3-2 を参照して原発事故前後におけるキュウリ市場の変化についても見てみよう。この図は，東京都中央卸売市場・大田市場における福島県，宮城県，茨城県，栃木県，山形県を産地とする 1kg 当たりのキュウリの卸売価格（円）と大田市場での各産地の総取引額（億円）を表している。

まず，価格に関しては，大田市場における全国のキュウリの価格は，2012 年度はやや下落しているものの 2013 年度は上昇傾向である。ところが，グラフに示した原発近辺のほとんどの県では，2012 年度に急激に下落していることが見て取れる。図から，茨城県を除いた 4 県全てにおいて，事故後キュウリの価格が下落していることがわかる。同様に，取引額に関しても，山形県を除く全ての産地で 2012 年度の取引額は下落してしまっている。特に福島県産キュウリの取引額の低迷は顕著であり，2010 年度と 2012 年度を比較すると，12.5 億円から 9.1 億円と実に 30%に近い下落率である。茨城県産キュウリに関しても価格があまり変化していない中，取引額に関しては 2010 年度の 5.5 億円から 2012 年度は 5 億円と約 10%近く下落している。

このように，キュウリに関しては，原発事故後に価格と取引額がともに下落しているため，事故後の消費者による原発近辺を産地とするキュウリの買い控え行動が原因で価格が下落するような状況にあった可能性

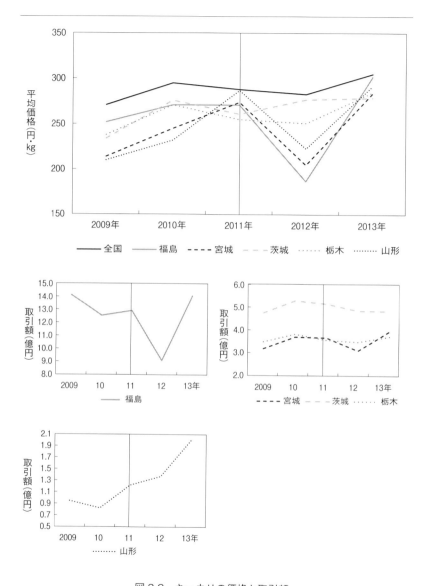

図 3-2　キュウリの価格と取引額
出典：東京都中央卸売市場（月報・年報）。

が高いと考えられる。キュウリに関しては，福島県産のものでも，事故後，基準値を超えるような放射性セシウムが検出されるといった例は見られておらず，政府の基準値を超えていないという意味では安全であったと言える。したがって，キュウリにおいては，たとえ安全であっても特定産地のものだけを買い控える消費者の影響で，福島県産など原発近辺を産地とするキュウリが売れ残り，その結果として価格が下がり，売り上げも減少してしまうという風評被害が起こっていた可能性が示唆される。

3-2-3 リンゴの価格と取引額

図3-3は，キュウリと同様に大田市場のデータを基に，福島県，山形県，青森県，長野県で生産されたリンゴの大田市場における平均価格（円）と取引額（億円）をグラフにしたものである。[*1]

図で，2010年度と2012年度の価格を比較すると，福島県産以外のリンゴに関しては事故後の2012年度は上昇傾向にあるにもかかわらず，福島県産のリンゴは212円／kgから164円／kgと20％以上，下落している。取引額に関しては，2012年度は2010年度と比べ，山形県産以外のリンゴに関しては高い水準となっているが，山形県産リンゴの取引額は大きく下落していることが見て取れる。

福島県産のリンゴに関しては，事故後，図の他県の価格と比べて価格が著しく低迷していることから，取引額も下落していることが予想されたが，2010年度と2012年度の比較では，あまり変化は見られなかった。しかし，2012年度の福島県産リンゴの取引額は，前年の2011年度の取引額と比較すると，激減していることがわかる。これは2011年度と比較して，2012年度の取引額が急増している長野県のグラフと比較する

---

*1 大田市場では，つがる，あかね，ジョナゴールド，紅玉，ふじ，世界一など13種類ものリンゴを扱っているが，図3-3ではこれらの種類を種類ごとに分けず，全て合算したときの平均価格と取引金額を用いている。

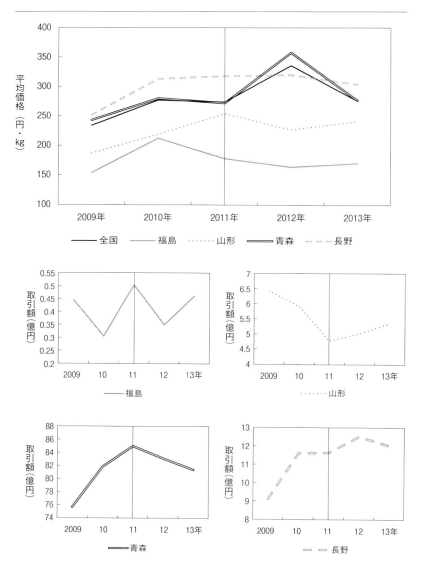

図 3-3 リンゴの価格と取引額
出典:東京都中央卸売市場(月報・年報)。

と対照的である。したがって，福島県産のリンゴは，消費者によって購入を避けられることで，価格が低迷した可能性が高いと考えられる。

リンゴでは，福島県産も含めて，事故後，政府の設定した基準値を超えるような放射性セシウムは検出されていないため，2012年度の福島県産の価格の下落は，2011年から2012年にかけての取引額の下落と関係しており，これは，風評による影響が関係していることが推察される。

3-2-4 生シイタケの価格と取引額

図3-4は，林産物である生シイタケの原発事故前後の価格と取引額の推移を表している。本図も大田市場のデータを用いており，きのこ・山菜類の中の「生シイタケ」1kg当たりの価格（円）と取引額（百万円）から作成されている。

図では福島県，宮城県，茨城県，栃木県，山形県の5県を産地とするシイタケの価格と取引額を表している。これら5県のうち，山形県以外の4県では，2015年現在においても事故後の放射性物質の影響により，県内の一部の地域で原木シイタケの露地栽培に関して出荷制限されているのが現状である。なお，菌床シイタケの栽培に関しては，5県全てにおいて出荷制限が指示されている地域はない。このように原木シイタケに関しては，原発事故後，出荷制限まで行われており，価格や取引額に影響が出るのは必然的であることが予想される。しかし，近年市場に出回っている生シイタケのほとんどは菌床シイタケである[*2]ため，図で用いた大田市場の生シイタケには原木と菌床の区分はなかったものの，価格や取引額は菌床シイタケのものを反映していると考えられ，出荷制限による影響は少ない可能性もあると言える。では，実際，事故前後で生シイタケ市場の価格と取引額はどう変化しているのだろうか。

---

*2 林野庁（2015）によると，2014年度の全国の生シイタケの総生産量は67,510トンであるが，このうちの約90%が菌床栽培によるシイタケであると言う。

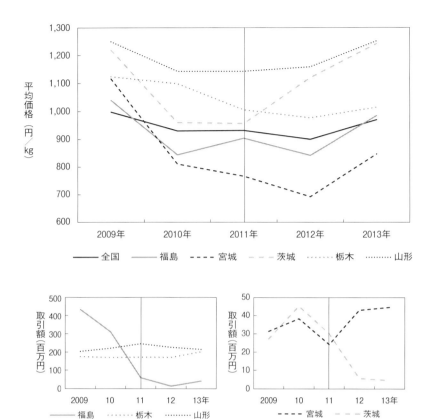

図 3-4 生シイタケの価格と取引額
出典：東京都中央卸売市場（月報・年報）。

　まず，価格に関しては，茨城県産のものを除くと，ほぼ横ばいか下落傾向にあることが見て取れる。次に，取引額に関しては，福島県と茨城県産の生シイタケの取引額が事故後非常に低迷しているのが顕著である。これら結果を見ると，福島県と茨城県産の生シイタケ市場への原発事故による影響は非常に大きいものであったと言える。栃木県や宮城県にお

いても，原木シイタケの露地栽培に関する出荷の制限が指示されている地域があったのにもかかわらず，これら2県の生シイタケと比べて，福島県と茨城県産の生シイタケだけが取引額が大きく下落している。福島原発からの距離は，栃木県や宮城県であっても場所によっては福島県や茨城県とあまり差がないことを考えると，これは風評被害によるものなのではないだろうか。

栃木県と宮城県産の生シイタケも，国の設定した基準値を超える放射性セシウムが一部の生シイタケにおいて検出されていることから，福島県と茨城県産の生シイタケと同程度の安全性しかない状況にあったと言える。それにもかかわらず，2012年度の栃木県や宮城県産の生シイタケの取引額は，2010年度と比べて上がっており，福島県と茨城県産のグラフとの差は一目瞭然である。仮に，生シイタケの出荷制限が行われている地域に関する情報が大きく報道され，栃木県と宮城県でも出荷が制限される地域があるということを多くの消費者が知っていたのなら，このように福島県と茨城県産の取引額だけが激減するといったことは起こらなかったのではないだろうか。

このような違いが出たのは，消費者が生シイタケの出荷制限に関する情報を充分把握していなかったことと関係していると考えられる。したがって，福島県と茨城県産の生シイタケ市場は，風評による被害を受けていた可能性が高いと言える。

3-2-5 牛肉の価格と取引額

図3-5は，東京都中央卸売市場食肉市場・芝浦屠場で取引されている福島県，宮城県，茨城県，栃木県，群馬県，山形県を産地とする和牛の生体枝肉1kg当たりの価格（円）と総取引額（億円）を表している。

価格に関して原発事故前の2010年度と2012年度を比較すると，図中の5県全てにおいて震災後，価格が下落しているが，2013年度には震災前の水準まで回復していることが見て取れる。一方，取引額に関して

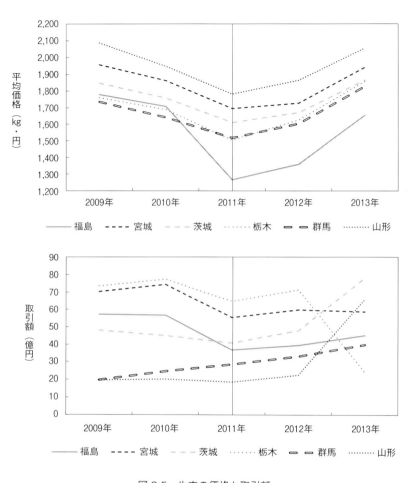

図 3-5　牛肉の価格と取引額
出典：東京都中央卸売市場（月報・年報）。

は産地によって異なる結果となっている。原発事故後の 2012 年の福島県，宮城県，栃木県産の牛肉の取引額は 2010 年度と比較して低い水準となっており，2013 年度に入っても低迷しているが，群馬県，茨城県，山形県産の牛肉に関しては 2012 年の時点で回復しており，2013 年度に

入ってもこれら3県の取引額は伸び続けている。

　群馬県，茨城県，山形県の3県と比べ，福島県，宮城県，栃木県の3県で取引額が減っている原因としては，2011年の7月に放射性物質に汚染された稲わらを食べたとされる牛から政府が設定した基準値以上の放射性セシウムが検出され，福島県，宮城県，栃木県の3県では，一部の畜産農家からの牛に関する出荷制限が指示されたことと関係していると考えられる。すなわち，これら3県の取引額が減少したのは，現実に安全性が懸念されるような問題が起こっていたことも関係しており，単に風評被害によるものだけとは言えない。

　しかし，福島県産の牛肉に関しては，表1-7で示したように政府の基準値を超えるようなサンプルが検出されなくなった2013年度においても，平均価格が宮城県や栃木県産のグラフと比較しても原発事故前の水準まで回復しておらず，風評被害の影響が大きく出ている可能性が考えられる。

3-2-6 豚肉の価格と取引額

　図3-6も，東京都中央卸売市場食肉市場のデータを基に作成されたものである。本図は福島県，茨城県，栃木県，群馬県，岩手県を産地とする豚の生体枝肉1kg当たりの価格（円）と総取引額（億円）を表している。

　まず，原発事故前の2010年と事故後の2012年の平均価格の比較では，福島を除く4県で横ばいか下落しており，福島県の価格に関しても2011年度との比較では下落している。取引額に関しても2012年度までは，茨城県産以外では，ほぼ横ばいか下落しており，事故による豚肉市場への影響は大きかったと考えられる。しかし，ほとんどの産地において牛肉市場と比べて2013年度に価格と取引額がともに大きく増加しており，風評被害の影響は牛肉市場と比べれば小さかったことがうかがえる。

　このように，豚肉の方が牛肉よりも原発事故後に価格と取引額の回復

が早かったのは，牛肉に比べて豚肉では飼料の大半が海外からの輸入物である（日本農業市場学会 2008: 140-141）ため，放射性物質が検出される可能性が低いと感じていた消費者が多かったことも影響しているのではないかと考えられる。

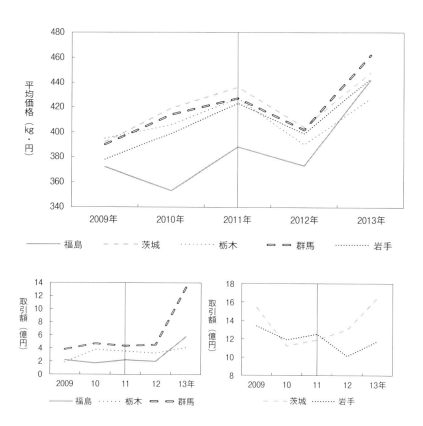

図 3-6　豚肉の価格と取引額
出典：東京都中央卸売市場（月報・年報）。

3-2-7 鶏卵の価格と取引額

図3-7では,鶏卵の原発事故前後の価格と取引額を示している。本図は,東京中央卸売市場・築地市場で取り引きされている福島県,岩手県,茨城県,群馬県,千葉県産の鶏卵の1kg当たりの価格(円)と取引額(万円)のデータを基に作成した。

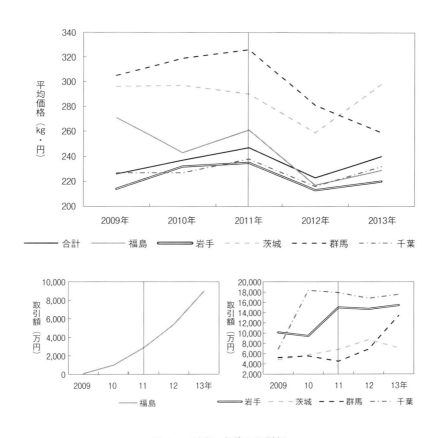

図3-7 鶏卵の価格と取引額
出典:東京都中央卸売市場(月報・年報)。

図から，2010年度と2012年度の価格を比較すると，価格に関しては，図中の5県全てにおいて下落していることが見て取れるが，取引額に関しては千葉県産を除くと全て上昇していることがわかる。本図の取引額は築地市場だけのものであるため，図中の5県の鶏卵市場が全般的にどうなっているかは不明であるが，価格下落と同時に取引額も下落するという現象は見られないため，原発近辺を産地とする鶏卵が消費者から懸念されることで価格が低下しているわけではなさそうである。そういう意味でも鶏卵に関しては比較的放射能汚染の問題による市場への影響は少なかったのではないかといえる。

　このように，鶏卵市場において，原発事故による市場への影響が小さかったのは，豚の場合と同様に鶏の飼料もほとんどが輸入品に依存していることが関係しているのではないかと考えられる。

3-2-8 マグロの価格と取引額

　本節の最後に，原発事故による水産物市場への影響についても見るために，マグロと生ワカメの市場について考察したい。

　まず，マグロに関しては，東京中央卸売市場・築地市場の宮城県，青森県，東京都，岩手県産の価格（円）と取引額（百万円）を使って見ていく。福島県産のマグロのデータに関しては入手できなかったため，ここでは宮城県産のデータを福島原発に最も近い産地のものとして見ることにする。

　図3-8のように，マグロの原発事故前の2010年度と事故後の2012年度の各県の価格を比較すると，青森県産を除く3県で価格が上昇していることが見て取れる。取引額に関しても，宮城県と東京都のものが上昇しており，原発近辺の市場への影響は小さかった可能性が示唆される。しかし，クロマグロのブランドとして全国的にも有名な大間といった産地のある青森県産のマグロについてみると，事故前の価格と取引額は，どちらも他県を引き離すくらいの水準にあったのにもかかわらず，事故

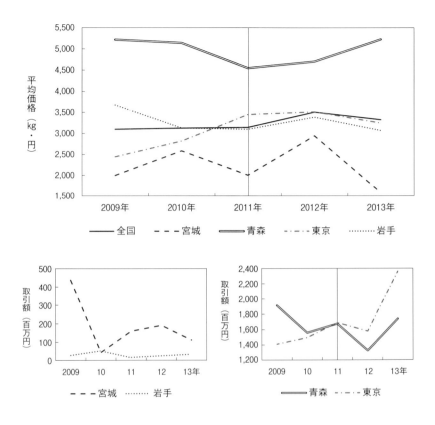

図3-8 マグロの価格と取引額
出典:東京都中央卸売市場(月報・年報)。

後,価格と取引額がともに急落していることが見て取れる。全国的にブランド力のある青森県産マグロの取引額は他県と比べて相対的に規模が大きい点を考慮すると,マグロ市場においても原発事故による影響は少なからずあったと考えられる。

3-2-9 生ワカメの価格と取引額

では，図 3-9 を参照しながら，原発事故の生ワカメ市場への影響についても見ていこう。生ワカメについてもデータは東京中央卸売市場・築地市場のものを利用しているが，産地に関しては宮城県，岩手県，東京都，千葉県の4県の価格（円）と取引額（百万円）を使用している。

生ワカメに関しては，三陸ワカメで有名な岩手県における生産量が高

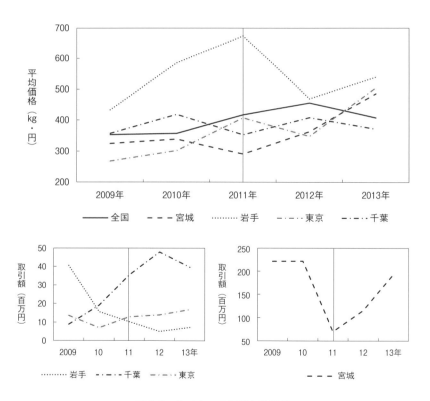

図 3-9　生ワカメの価格と取引額
出典：東京都中央卸売市場（月報・年報）。

いことで知られているが，2010年と2012年の岩手県産生ワカメの価格を比較すると，事故後の2012年に岩手県産の生ワカメの価格は急落していることがわかる。岩手県の生ワカメに関しては，震災後，取引額も急落しており，深刻な風評被害の影響にあっている可能性が高いと言える。図の4県の中で，福島第一原発に最も近い宮城県産の生ワカメも価格に関してはあまり変化がないものの，取引額に関しては原発事故後急激に下落しており，宮城県産に関しても事故による影響は大きかったと考えられる。一方，東京都及び千葉県産の生ワカメは事故前後で価格に関してあまり変化がない中，取引額が上昇しており，岩手県産や宮城県産の代替品として消費量が伸びた可能性が考えられる。

3-3 原発近辺の農林水産業者への影響

　以上，原発事故が起こった2011年前後における原発近辺を産地とする農林水産物の価格と取引額の変化から，原発事故による農林水産物市場への影響について見たが，本章で扱った9品目の全ての農林水産物において何らかの影響が出ており，原発の起こった翌年の2012年度の市場には大きな変化が見られた。したがって，市場データから見ても，福島第一原発事故による原発近辺の農林水産業者への影響は甚大であったと考えられる。

　2012年度に，原発近辺の多くの農林水産物の価格と取引額が下落したということは，原発事故後，原発近辺の農林水産業者の収入が減ったことを示唆している。この価格や取引額の下落は，原発事故後，原発近辺の農林水産物に対する消費者の購買意欲の低下が関係していると考えられる。そして，この購買意欲の低下は，出荷された農林水産物に全く放射性物質が含まれていない場合でも，原発近辺で生産されたものは放射能に汚染されているといった風評の影響もあったからではないだろうか。

そこで，次章以降，原発近辺の農林水産物に対する消費者意識を把握するために行ったアンケート調査の結果を基に，風評被害の実態について見ていきたい。

参考文献

林野庁（2015）「平成26年の主要な特用林産物の生産動向」http://www.rinya.maff.go.jp/j/press/tokuyou/pdf/150929-01.pdf（最終アクセス2015年11月6日）

日本農業市場学会編（2008）『食料・農産物の流通と市場Ⅱ』筑波書房

第4章

消費者意識と購買意欲

　本章では，福島県での生産量が多い米，青果物（キュウリ，リンゴ），生シイタケ，畜産物（牛肉，豚肉，鶏卵），水産物（マグロ，ワカメ）の9品目の農林産物とミネラルウォーターの計10品目に関して，主に次の6項目に関連した要素が購買意欲に与える影響について考察する。すなわち，回答者の食生活，食品安全性に関する意識，社会貢献への関心度，放射能汚染に関する意識，原発近辺で生産された食品に対する許容度，社会的属性の違いが，福島原発近辺で生産された農林水産物とミネラルウォーターに対する購買意欲にどう関係しているかを見ていく。

　原発近辺を産地とする食品に対する消費者の購買意欲を10品目にも渡って調査しているのは，原発近辺の農林水産物で放射性物質が検出された量が食品ごとに異なっており，食品の放射能汚染の危険性に対する消費者の認識の仕方が食品の種類によって違っている可能性があり，そういった食品の種類による消費者意識の違いを比較したいと考えたからである。

　まず，第1節では，本章で用いられているデータの基となったアンケート調査の概要について説明する。

　第2節では，9品目の農林水産物とミネラルウォーターの中で，原発近辺を産地とする食品を原発から離れた産地の食品と同じ価格で買って

も良いかというアンケートの質問に対して，過半数の回答者が買っても良いと答えている食品（キュウリ，リンゴ，牛肉，豚肉）について，消費者の特徴の違いと購買意欲の関係を見ていく。

第3節では，原発近辺の食品価格と原発から離れた産地の食品価格が同じ場合に，買いたいと答えた人と買いたくないと答えた人の数がほぼ半数となっており，回答者の半数が買っても良いと答えていた食品（生シイタケ，鶏卵，マグロ）について，消費者の特徴の違いと購買意欲の関係を明らかにする。

そして，第4節では，原発近辺の食品価格が原発から離れた産地の食品と同じ価格の場合は，回答者の過半数が原発に近い産地の食品は買いたくないと答えている食品（米，ワカメ，ミネラルウォーター）に対する消費者意識と購買意欲の関係を考察する。

最後に，第5節で本章のアンケート調査で明らかとなった様々な消費者の特徴の中で各食品の購買意欲に影響を与えていると考えらえる要素についてまとめる。

4-1 アンケートの概要

本書で用いたアンケート調査のデータは，「放射能による食品安全性に関するアンケート調査」と題する題目で，2014年1月30日～2月4日の約1週間に渡って全国の消費者を対象に実施されたインターネットアンケート調査によって入手したものである。アンケートは，平成24年度の住民基本台帳に基づき，回答者の居住地の分布が日本全国の人口構成比に近い割合となるように収集されている。

4-1-1 食生活に関連する質問

アンケートは，日本全国の20～69歳の消費者を対象に実施されてお

り，質問内容は主に次の6つのパートからなる。

　まず，第一パートでは，日常での食品購入の頻度，食事の取り方，食品を購入する際に重視していることなど，食生活に関連した項目について聞いた（表4-1）。これは，消費者の普段の食生活を把握し，普段どれくらいの頻度で買い物をしたり調理をしたりしているか，食事は家で済ますことが多いか外で食べることが多いかなどの食生活の違いが，原発近辺を産地とする食品に対する購買意欲の違いに関わってくるかということを見るための調査項目である。

　表4-1のQ2とQ3にある「品目1」「品目2」の部分には，9品目の農林水産物とミネラルウォーターの10品目のうち2品目の具体的な品目名を入れて聞いている。回答者が回答した2品目の組み合わせは，「米，ミネラルウォーター」「キュウリ，リンゴ」「生シイタケ，鶏卵」「牛肉，豚肉」「マグロ，ワカメ」の5通りとなっている。各組み合わせについて収集したサンプル数は，ばらつきが出ないよう均等な数となるように設定した。

　このように各回答者に10品目全てではなく2品目についてだけ聞く形式をとったのは，同じような質問を品目だけ変えて何度も繰り返すアンケートでは，質問項目の後方で聞いている品目になるほどいい加減に答える回答者が増えてしまい，回答結果にバイアスが出る傾向があるからである。選択肢の順序が回答結果に影響を及ぼしてバイアスが出ることを順序バイアスというが，2品目についてアンケートを行う際にも最初の品目と比べて後方の品目にはバイアスが生まれる可能性があるため，本アンケートでは2品目の組み合わせを聞く際に，品目の順序を変えた2種類の調査票を用いてアンケートを実施した。

4-1-2 食品安全性に関する質問

　次に第二パートでは，食品の安全性について，食品を購入する際に心がけていることと，食品に添付された情報への信頼度といった食品の安

全性に関わる項目について調査している（表4-1）。

　ここでは，消費者が普段食品の安全性について心がけていることや，消費者が食品に貼られているラベル情報をどれくらい信頼しているかを見ることで，消費者の食品の安全性に関する意識を把握することを目的としている。そして，この調査を基に消費者の食品の安全性に関する意識と原発近辺を産地とする食品に対する購買意欲の関係を見ていく。

4-1-3 社会貢献への関心度に関する質問

　第三パートでは，環境保全及び震災被害地域への復興支援への積極性といった回答者の社会貢献への関心度に関する調査を行っている（表4-1）。ここでの目的は，環境保全や被災地の復興支援に関する消費者意識及び社会貢献への関心度と原発近辺を産地とする食品に対する購買意欲の関係を知ることにある。

4-1-4 放射能汚染に関する質問

　第四パートでは，表4-2にあるような食品の放射能汚染に関わる調査項目を盛り込んでいる。福島原発近辺で生産された食品に対する購買意欲は，消費者の食品の放射能汚染に関する意識と大きく関わっていると考えられる。そこで，ここでは放射性物質や放射線に関する消費者の意識や放射能汚染の危険性を懸念して購入を控える産地についての情報を聞き出すことを目的としている。

4-1-5 原発近辺を産地とする食品に対する許容度に関する質問

　第五パートでは，原発近辺を産地とする食品を原発から離れた産地の食品と比較して，どれくらいの価格の差なら買っても良いと考えるかという許容度に関する質問をしている（表4-3参照）。

　この許容度に関する質問では，原発から100km離れた産地の食品と300km離れた産地の食品に対する購買意欲を比較する方法をとった。

表 4-1 食生活，食品安全性，社会貢献への関心度に関する質問

	食生活に関連する質問	
Q1	普段，どのくらいの頻度で自分や同居者のために食品を購入していますか。以下の項目の中であてはまるものを一つ選んで下さい。	1. ほぼ毎日している。　2. 週に数回している。 3. 月に数回している。　4. あまりしていない。 5. 全くしていない。
Q2	「品目1」を自分で購入することがありますか。以下の項目の中であてはまるものを一つ選んで下さい。	1. ある。2. 全くない。
Q3	「品目2」を自分で購入することがありますか。以下の項目の中であてはまるものを一つ選んで下さい。	1. ある。2. 全くない。
Q4	普段，どのくらいの頻度で自分や同居者のために食品を調理していますか。以下の項目の中であてはまるものを一つ選んで下さい。	1. ほぼ毎日している。　2. 週に数回している。 3. 月に数回している。　4. あまりしていない。 5. 全くしていない。
Q5	普段，食事をどのような形で取っていますか。以下の項目の中であてはまるものを一つ選んで下さい。	1. お総菜などは使わずに家で料理された食事を取ることが多い。 2. お総菜やレトルト食品を使った食事を取ることが多い。 3. コンビニ，デパート，スーパーなどのお弁当が多い。 4. ファーストフードを利用することが多い。 5. レストランで食事を取ることが多い。 6. その他（具体的に：　　　）
Q6	あなたが食品を買うときに重視することは何ですか。複数ある場合は全てを選んで下さい。	1. 手にとって見たときの品質　2. 鮮度 3. 消費期限・賞味期限　　　　4. 安全性 5. 価格　6. その他（　　　　　　　　　　　）
	食品安全性に関する質問	
Q7	食品の安全性について心がけていることは何ですか。複数ある場合は全てを選んで下さい。	1. 特に何もしていない。 2. できるだけ有機農法・無農薬で栽培された食品を購入するようにしている。 3. 遺伝子組み換えかどうかの表示を確認するようにしている。 4. 食品添加物が含まれていない食品を購入するようにしている。 5. 食品の産地を見てから購入するようにしている。 6. 消費期限・賞味期限を確認してから購入するようにしている。 7. その他（具体的に：　　　　　　　　　　）
Q8	食品に貼られているラベルから得られる情報についてどれくらい信頼していますか。1（全く信用していない）から10（非常に信用している）の間でお答え下さい。どちらでもない場合は5を選んで下さい。	
	社会貢献への関心度に関する質問	
Q9	生態系の保全，温暖化防止のための植林などの環境保全活動に積極的に参加したいと思いますか。1（全く思わない）から10（非常にそう思う）の間でお答え下さい。どちらでもない場合は5を選んで下さい。	
Q10	2011年3月に発生した東日本大震災で被害を受けた地域の復興支援について積極的に参加したいと思いますか。1（全く思わない）から10（非常にそう思う（既に参加した場合も含む））の間でお答え下さい。どちらでもない場合は5を選んで下さい。	

表 4-2 放射能汚染に関する質問

Q11	福島原子力発電所事故以降，店頭で売られている食品に放射性物質が含まれている危険性の度合いについてどう思いますか。1（非常に低い）から10（非常に高い）の間でお答え下さい。わからない場合は5を選んで下さい。	
Q12	以下の放射線（放射能，放射性物質）についてあなたが知っていることはどれですか。複数ある場合は全てを選んで下さい。	1. 放射線にはα線，β線，γ線などの種類があり，それぞれ物質を透過する能力が異なっている。 2. 放射性物質は，放射性崩壊を繰り返し，最終的に安定した物質へ変化すると放射線を放出しなくなる。 3. 食品に含まれる放射性物質に関する単位には，人体への影響の度合いを表すシーベルト（Sv）と，放射線の強さを表すベクレル（Bq）がある。 4. 放射線は人間の活動に関わりなく，宇宙線，大地放射線など，自然界にもともと存在している。 5. 追加的に受ける放射線量が100ミリシーベルトを超えると発がん率が0.5％程度増加すると言われている。 6. 知っているものは特にない。
Q13	放射能汚染の可能性を懸念して，食品を買うことをためらう産地はどこですか。複数ある場合は全てを選んで下さい。	1. 全く気にしない。 2. 福島県産。 3. 福島第一原子力発電所から100km圏内の地域を産地とする食品（100km圏内に含まれる県：福島県，宮城県，山形県，栃木県，茨城県）。 4. 福島第一原子力発電所から200km圏内の地域を産地とする食品（200km圏内に含まれる県：回答項目3の都道府県と岩手県，秋田県南部，新潟県，千葉県北部，埼玉県北部）。 5. 青森県産。 6. 福島第一原子力発電所から300km圏内の地域を産地とする食品（300km圏内に含まれる都県：回答項目4の都道府県と神奈川，山梨県，長野県）。 7. 福島第一原子力発電所から300km以上の地域を産地とする食品。
Q14	Q13で「全く気にしない」以外を選択した方に関して，食品の放射能汚染の可能性を懸念して，特に産地に注意をしている食品はありますか。特に注意をしている食品を以下の中から3つ選んで下さい。	
Q15	現況の食品中の放射性物質の規格基準について信頼していますか。1（全く信頼していない）から10（非常に信頼している）の間でお答え下さい。わからない場合は5を選んで下さい。	

表4-3 原発近辺を産地とする食品に対する許容度に関する質問

Q16	ある食料品店で,「品目1」を購入する際に,福島第一原子力発電所から100km離れた産地(図4-1のように,福島県,宮城県南部,山形県,栃木県,茨城県が含まれる)の「品目1」と,発電所から300km離れた産地(図4-1のように,秋田県,岩手県,神奈川県,山梨県,長野県などを含む)の「品目1」が並んで売られている状況を想像してください。放射能検査の結果,「品目1」の放射性物質は全て現況の基準値以下であった場合,100km離れた産地の「品目1」を300km離れた産地の「品目1」と同じ値段で買っても良いと考えますか。	1. 同じ値段で買っても良い。 2. 同じ値段で買いたいとは思えない。
Q17-1	Q16で同じ値段で買っても良いとは思わないと答えた場合,次の質問にお答え下さい。100km離れた産地の「品目1」に対して,300km離れた産地の「品目1」と比べて以下のような割引があったら買っても良いと思いますか。もし,発電所から100km離れた産地の「品目1」に対して10%の割引があった場合,あなたは,購入しますか。	1. 買う。2. 買わない。
Q17-2	もし,発電所から100km離れた産地の「品目1」に対して20%の割引があった場合,あなたは,購入しますか。	1. 買う。2. 買わない。
Q17-3	もし,発電所から100km離れた産地の「品目1」に対して30%の割引があった場合,あなたは,購入しますか。	1. 買う。2. 買わない。
Q17-4	もし,発電所から100km離れた産地の「品目1」に対して40%の割引があった場合,あなたは,購入しますか。	1. 買う。2. 買わない。
Q17-5	もし,発電所から100km離れた産地の「品目1」に対して50%の割引があった場合,あなたは,購入しますか。	1. 買う。2. 買わない。
Q17-6	もし,発電所から100km離れた産地の「品目1」に対して60%の割引があった場合,あなたは,購入しますか。	1. 買う。2. 買わない。
Q18	Q17で100km離れた産地の「品目1」をいかなる割引率であっても買わないと答えた方にのみお聞きします。放射性物質を含んでいる危険性がないことを示すラベルが貼られていたとしたら,買っても良いと考えますか。	1. 買う。2. 買わない。
Q19	「品目2」に関するQ16と同じ質問	1. 同じ値段で買っても良い。 2. 同じ値段で買いたいとは思えない。
Q20-1〜Q20-6	「品目2」に関するQ17-1〜Q17-6と同じ質問	1. 買う。2. 買わない。
Q21	「品目2」に関するQ18と同じ質問	1. 買う。2. 買わない。

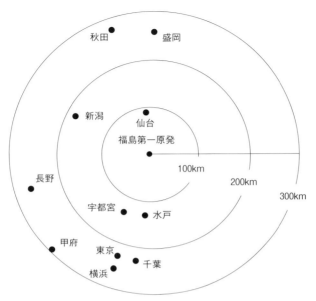

図 4-1　福島第一原子力発電所からの距離

このため，回答者には原発からの地理的な距離感を理解してもらう必要があることから，アンケートを実施したホームページに図 4-1 のような原発近辺の主要都市の原発からの距離を示す図を掲載し，回答者はこの図を見ながら質問に答えられるようにした。

　原発近辺の食品に対する許容度を把握する際に，原発から 100km あるいは 300km といったように，原発からの直線距離を用いたのは，震災後に政府が設けた警戒区域も海域を含む半径 20km 圏内というように直線距離で設定されていたからである。また，アンケートの回答者は日本全国に及ぶため，県名を指定するよりも距離を用いた方が原発近辺の

*1　インターネットアンケートでは，都市名が載っている Google map の地図上に，原発からの距離が 100km，200km，300km である 3 つの同心円が描かれたものを使用している。

地理を知らない人でも回答しやすいと考えたからである。

　ここでも，表4-1のQ2とQ3のように，回答者にランダムに配布された2品目の食品について，まず表4-3のQ16からQ18にあるような質問を1品目目について聞いた後，2品目目について同様の質問をQ19からQ21の部分で回答してもらうという形式をとった。ただし，原発からの距離だけでに食品の違いがわかりにくい牛肉，豚肉，鶏卵，生シイタケ，マグロ，ワカメの6品目についての許容度を聞く際は，原発から100kmないし300km離れた「産地の近隣で生産された飼料を使用」「産地の近隣で生産された原木を使用」「産地の近海で採られた」といった注を品目の後につけることで違いが明確にわかるようにした。

4-1-6 社会的属性に関する質問

　調査票の最後のパートは，回答者の社会的属性に関する項目から成る。ここでは，表4-4にあるように，回答者の居住地，性別，年齢，家族構成，学歴，収入について聞いている。居住地に関しては，アンケートを実施した2014年時点における日本全国の人口分布の構成を基に日本全国の人々の回答が含まれるように回収しているが，東京，名古屋，大阪の三大都市圏人口が日本の総人口に占める割合は2014年1月の時点で50％を超えていることもあり，三大都市圏を居住地とする人々からの回答が多く含まれることになった。

　また，特にチェルノブイリ原発事故後に子供の甲状腺癌の発症率が増加したため，福島原発事故でも同様のことが起こるかもしれないという不安から，子供を持つ消費者の方が放射能汚染を懸念する傾向が強い可能性を考慮して，家族構成に関する質問では，同居する家族に子供が何人いるかといった質問を入れた。

4-1-7 アンケート回答者の性別・年齢分布

　先に述べたように，本アンケートの回答者は，購入経験及び購買意欲

表 4-4 社会的属性に関する質問

Q22	あなたがお住まいの地域の郵便番号をご記入下さい。	
Q23	あなたの性別をお答え下さい。	1. 男性　2. 女性
Q24	あなたの年齢をお答え下さい。	1. 20～29歳　2. 30～39歳　3. 40～49歳 4. 50～59歳　5. 60～69歳
Q25	あなたの同居家族についてお答え下さい。複数ある場合は全てを選んで下さい。	1. 乳幼児がいる。 2. 小学生がいる。 3. 中学生がいる。 4. 高校生あるいは高校生相当の年齢の子がいる。 5. 65歳以上の方がいる。 6. 上記の項目に当てはまる同居人はいない。
Q26	あなたの同居家族の中で，15歳以下のご家族の人数についてお答え下さい。＿＿＿人。	
Q27	あなたの最終学歴についてお答え下さい。	1. 小中学校卒業　2. 高校卒業 3. 短大・専門学校・高専卒 4. 大学中退　　　5. 大学卒（見込みも含む） 6. 大学院（修士）7. 大学院（博士）
Q28	あなたの本年度の総収入についてお答え下さい。	1. 200万円未満 2. 200万円以上400万円未満 3. 400万円以上600万円未満 4. 600万円以上800万円未満 5. 800万円以上1,000万円未満 6. 1,000万円以上1,200万円未満 7. 1,200万円以上1,400万円未満 8. 1,400万円以上

に関する質問については「米，ミネラルウォーター」「キュウリ，リンゴ」「生シイタケ，鶏卵」「牛肉，豚肉」「マグロ，ワカメ」の5つの組み合わせのいずれかについて回答したわけだが，品目ごとの回答者数は，表4-5の合計部分を見るとわかるように，それぞれ1,710人，1,757人，1,710人，1,768人，1,768人であった。

このように食品の各組み合わせによって回答者数に違いが出たのは，アンケートは各組み合わせで回答者数が同じになるように配布されたものの，実際にアンケートに答えた回答者の数が異なったためである。これらを合計した8,713人がアンケートの総回答者数である。

表 4-5 アンケート回答者の性別分布

	男性	女性	合計
米,ミネラルウォーター	898 (53%)	812 (47%)	1,710
キュウリ,リンゴ	877 (50%)	880 (50%)	1,757
生シイタケ,鶏卵	908 (53%)	802 (47%)	1,710
牛肉,豚肉	921 (52%)	847 (48%)	1,768
マグロ,ワカメ	901 (51%)	867 (49%)	1,768
全サンプル	4,505 (52%)	4,208 (48%)	8,713

表 4-6 アンケート回答者の年齢分布

	20代	30代	40代	50代	60代
米,ミネラルウォーター	264 (15%)	387 (23%)	269 (16%)	312 (18%)	478 (28%)
キュウリ,リンゴ	279 (16%)	403 (23%)	266 (15%)	324 (18%)	485 (28%)
生シイタケ,鶏卵	265 (15.5%)	372 (22%)	285 (16.5%)	313 (18%)	475 (28%)
牛肉,豚肉	286 (16%)	383 (22%)	306 (17%)	291 (16.5%)	502 (28.5%)
マグロ,ワカメ	289 (16.5%)	388 (22%)	302 (17%)	340 (19%)	449 (25.5%)
全サンプル	1,383 (16%)	1,933 (22%)	1,428 (16.5%)	1,580 (18%)	2,389 (27.5%)

　回答者の性別分布は，表4-5のように若干男性の方が多かったものの，性別の割合は全ての品目においてほぼ半々であった。

　また，年齢の分布については，20代が全回答者の15〜16％，30代が22〜23％，40代が15〜17％，50代が16％〜19％，60代が25〜28％という分布となっており，60代の回答者が多い傾向となった（表4-6）。60代の回答者が多くなったのは，高齢化により高齢者の人口の割合が増えているためであると考えられる。実際，2013年度の65歳以上の人口は3,186万人となっており，日本の総人口に占める割合は25％を超えている（総務省2013）。

4-1-8 購入の際に産地を気にしている食品

次節以降，アンケートで実施した原発近辺を産地とする10品目の食品を，回答者の過半数が買っても良いという食品，半数が買っても良いという食品，過半数が買いたくないという食品の3つに分類して，それぞれの食品に対する購買意欲と購買意欲に影響を及ぼす要因について見ていくが，その前に，図4-2で，そもそも人々は食品の種類によって産地を気にする度合いが異なるのかという点を確認しておきたい。

図4-2は，表4-2のQ14の放射能汚染を懸念して食品を買う際にためらう産地があると答えた回答者に，特に産地を気にする食品について回答してもらった結果をグラフにしたものである。この図から，米，野菜，鮮魚などは産地を気にする人が多い一方で，卵，茶，加工食品・お菓子類については産地を気にする人は少ないことが見て取れる。すなわち，品目によって少なからず放射能汚染への懸念の度合いに違いがあると言

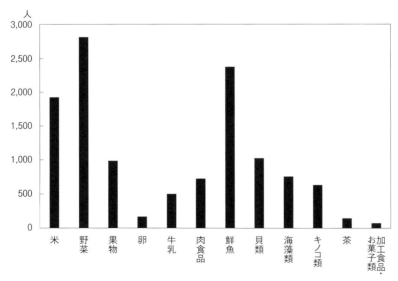

図4-2　購入の際に産地を気にしている食品

えそうである．本章で，アンケート対象となった10品目を購買意欲の違いによって3つに分類して分析するのも，食品の種類によって人々の購買意欲が異なる傾向が見られたためである．

4-1-9 各品目に対する購買意欲

ここで，次節以降で購買意欲の異なる食品ごとに回答者の特徴を見る際に用いた回答者の「過半数が買っても良いという食品」「半数が買っても良いという食品」「過半数が買いたくないという食品」という3つの分類基準について，表4-7を使って説明しておきたい．

表4-7は，アンケートの対象となった10品目の農林水産物について，福島原発近辺で生産された食品を原発から離れた産地の食品と同じ価格で買っても良いと思うかという表4-3のQ16とQ19にある質問に対する回答結果をまとめたものである．

この表によると，まず，キュウリ，リンゴ，牛肉，豚肉については，同じ価格で買っても良いと答えている人の方が同じ価格では買わないと答えている人よりも多い傾向にあることが見て取れる．したがって，こ

表4-7 各品目に対する購買意欲

		米	キュウリ	リンゴ	生シイタケ
農産物	買う	48.8%	55.0%	54.9%	49.6%
	買わない	51.2%	45.0%	45.1%	50.4%
	サンプル数	1,710	1,757	1,757	1,710
		牛肉	豚肉	鶏卵	
畜産物	買う	53.2%	52.3%	50.5%	
	買わない	46.8%	47.7%	49.5%	
	サンプル数	1,768	1,768	1,710	
		マグロ	ワカメ	ミネラルウォーター	
水産物，ミネラルウォーター	買う	50.5%	46.2%	46.7%	
	買わない	49.5%	53.8%	53.3%	
	サンプル数	1,768	1,768	1,710	

れらの食品については原発近辺が産地であっても回避傾向が少なく，回答者の過半数が原発から離れた産地の食品と同じ価格で買っても良いと答えている食品として分析する。

次に，表から，生シイタケ，鶏卵，マグロに関しては，原発近辺で生産された食品を原発から離れた産地の食品と同じ価格で買っても良いと考えている回答者がほぼ半数であることがわかる。そこで，本章ではこれらの食品は回答者の半数が買っても良いと答えている食品に分類して分析する。

最後に，同じ価格で買っても良いと答えた人よりも同じ価格では買わないと答えている人の方が多かった食品について見てみよう。表から，米，ワカメ，ミネラルウォーターがこのような食品に該当することがわかる。したがって以降，これらの食品を，過半数が買いたくないと答えている食品として扱う。

4-2 過半数が買っても良いという食品
―― キュウリ，リンゴ，牛肉，豚肉

前節で述べたように，アンケートでは主に，回答者の食生活，食品安全性に関する意識，社会貢献への関心度，放射能汚染に関する意識，原発近辺で生産された食品に対する許容度，社会的属性という6つの項目について調査した。そして本節では，これら6つの項目に関連した要素が，アンケートの対象となった10品目の中では産地が原発に近い場合でも回答者の過半数に購買意欲が見られたキュウリ，リンゴ，牛肉，豚肉の購買意欲にどう影響しているかを見ていく。

具体的には，これらの6つの項目に関連した質問に関して，表4-3のQ16とQ19で聞いている原発から100km離れた地点で生産された食品を300km離れた地点で生産された食品と同じ価格で購入しても良いと答えた人と，同じ価格の場合は購入したいと思わないと答えた人の回答

結果を比較することで，回答者の特徴の違いが購買意欲にどう影響しているかを考察する。

4-2-1 回答者の食生活と購買意欲の関係

第一に，アンケート回答者の食生活の違いと福島原発近辺で生産されたキュウリ，リンゴ，牛肉，豚肉に対する購買意欲との関係を，図4-3から図4-7で見ていきたい。

買い物の頻度と購買意欲

まず，図4-3は，普段自分や同居者のために食品を購入する頻度と福島原発近辺を産地とするキュウリ，リンゴ，牛肉，豚肉に対する購買意

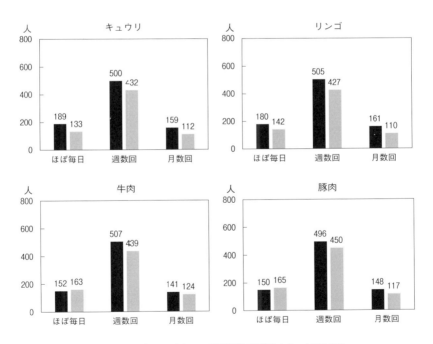

図4-3 買い物の頻度と購買意欲

欲との関係を示すグラフである。本図は，買い物の頻度に関する質問（表4-1 の Q1）と原発近辺を産地とする食品を原発から離れた産地の食品と同じ価格で買っても良いかという質問（表 4-3 の Q16 及び Q19）を基に作成されている。

　この図によると，キュウリとリンゴについては，買い物の頻度がほぼ毎日，週数回，月数回のいずれの場合でも，原発近辺で生産された食品を原発から離れた産地の食品と同じ価格で購入しても良いと考えている人の方が，買いたくないと答えた人よりも多くなっており，買い物の頻度によって購買意欲が変わるといったことはないことが見て取れる。

　一方，牛肉と豚肉に関しては，ほぼ毎日買い物をする人は原発近辺が産地の場合は同じ価格での購入は避けたいと考えており，食品の買い物をする頻度の多い人は放射能汚染の危険性を懸念している可能性が見て取れる。したがって，キュウリとリンゴに比べて牛肉や豚肉では普段食品の買い物をする頻度が多い人ほど産地が原発に近い場合は購入を回避する傾向がある可能性が示唆される。

　キュウリとリンゴに比べて牛肉や豚肉で購入を回避する傾向が見られたのは，キュウリとリンゴでは原発事故後，日本政府が設定している食品中の放射性セシウムの基準値を上回るような放射線量が一度も検出されていないのに対し，牛肉や豚肉では一部の検査サンプルから基準値を超える放射線量が検出されていることが関係しているのではないだろうか。

　このように買い物の頻度が多い人ほど原発近辺を産地とする食品に関して回避的な傾向が見られるのは，買い物の頻度が多い人の方が買い物をする回数が多い分だけ普段あまり買い物をしない人と比べて放射性物質を含む食品を買ってしまうリスクが高いため，食品中に放射性物質が含まれるリスクを高く評価する傾向があることが影響しているのではないかと考えられる。

購入経験と購買意欲

次に図 4-4 でキュウリ，リンゴ，牛肉，豚肉を自分で買うことがある人とそうでない人とで，原発近辺を産地とする食品に購買意欲の違いがあるかについて見てみよう。この図は，表 4-1 の Q2 と Q3 の自分で食品を購入することがあるかに関する質問の回答結果を基に作成している。

この図によると，キュウリ，リンゴ，牛肉，豚肉全てにおいて，購入経験の違いによる購買意欲の違いは見られず，いずれも原発近辺を産地とする食品を原発から離れた産地の食品と同じ価格で買っても良いという人の方がそうでない人より多い傾向にあることが見て取れる。したがってキュウリ，リンゴ，牛肉，豚肉については，購入経験がこれらの

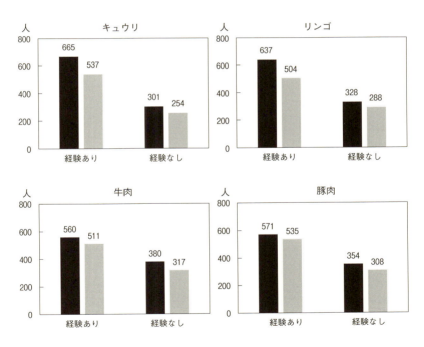

図 4-4　購入経験と購買意欲

食品に対する購買意欲に影響を与えているということはない可能性が示唆される。

調理経験と購買意欲

図4-5は，表4-1のQ4の普段食品を調理する頻度に関する質問に対する回答結果と原発近辺を産地とするキュウリ，リンゴ，牛肉，豚肉に対する購買意欲の関係を表している。

この図によると，ほぼ毎日料理をする人から全く料理をしない人のいずれにおいても，原発近辺を産地とする食品を原発から離れた産地の食品と同じ価格で購入しても良いと答えている人の方が購入したいと思わない人より多いことが見て取れ，調理の頻度も購買意欲にはあまり影響がない可能性が示唆される。ただし，豚肉については，ほぼ毎日調理をする人については，購入を回避する人の方が多くなっており，キュウリ，リンゴ，牛肉においてもほぼ毎日調理する人においては購入しても良いと答えている人とそうでない人の差が小さく，調理する頻度が高い人の場合は購入を回避する傾向があることが見て取れる。

食事形態と購買意欲

図4-6では，回答者が普段取っている食事形態と原発近辺で生産されたキュウリ，リンゴ，牛肉，豚肉に対する購買意欲の関係を表している。

図で，「内食が多い」[*2]という項目は，表4-1のQ5の1番目の回答項目である「お総菜などは使わずに家で料理された食事を取ることが多い」を選択した回答者のグラフを示している。一方，「外食が多い」[*3]という項目では，お惣菜，弁当，レストランなど中食・外食で食事を済ま

[*2] 内食（ないしょく・うちしょく）とは，家で食材を調理して家で食べることをいう。
[*3] 家の外で食事をすることを外食（がいしょく）というが，本書の食事形態の分類では総菜やお弁当などを外で買ってきて家や外で食べるよう中食（ちゅうしょく・なかしょく）の場合も外食の中に含めている。

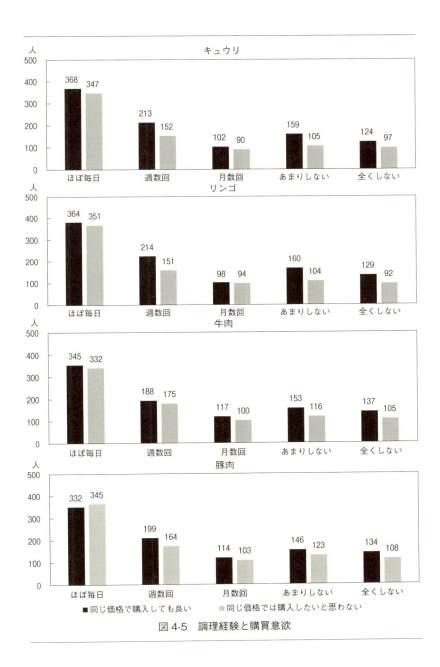

図 4-5 調理経験と購買意欲

第 4 章 消費者意識と購買意欲

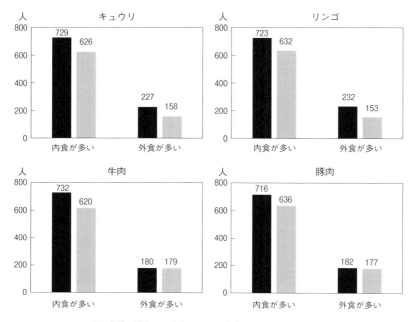

図 4-6　食事形態と購買意欲

すことが多い人の回答結果を購買意欲の違いで比較しており，表 4-1 の Q5 で 2 番目から 5 番目の回答項目を選択した回答者の総計を基にグラフを作成している．

　図から，キュウリとリンゴについては，普段の食事形態と関係なく原発近辺を産地とする食品であっても購買意欲があることが見て取れる．一方，牛肉と豚肉については普段内食が多い人と比べて普段外食をすることが多い人の場合は，産地が原発に近い食品の購入を避けたいと考えている人の割合が多い傾向にあることがわかる．このように牛肉と豚肉において，普段外食で食事を済ますことが多い人において原発近辺が産地の食品を回避したいと答えている人の割合が高かったのは，外食産業では近年外国産の牛肉や豚肉を使用する割合が増えており，外食で食事

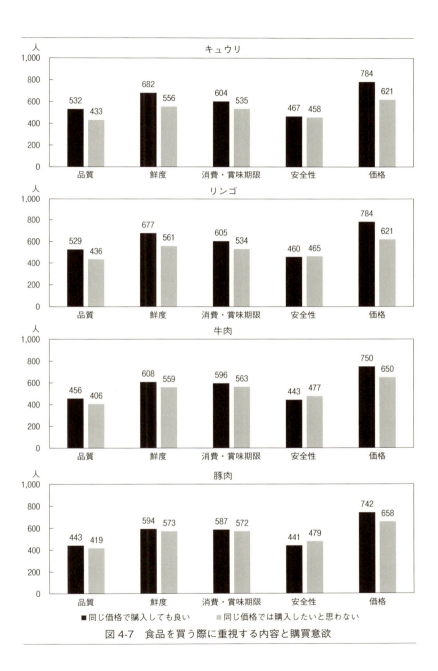

図 4-7　食品を買う際に重視する内容と購買意欲

第 4 章　消費者意識と購買意欲

を済ませている人の方が普段国内産の肉を食べる機会が少ないこともあり，原発近辺を産地とする肉が放射能に汚染されている危険性を強く意識する傾向があったからではないかと考えられる。

食品を買う際に重視する内容と購買意欲

図 4-7 は人々が食品を買う時に重視している項目と原発近辺を産地とするキュウリ，リンゴ，牛肉，豚肉に対する購買意欲の関係を表している。

食品を買う時に重視する項目については表 4-1 の Q6 にあるように手にとって見た時の品質，鮮度，消費・賞味期限，安全性，価格，その他の中から複数選択で答えてもらう形式をとっているが，これらの項目の中で特に価格と鮮度を回答した人が多くなっていることが見て取れる。

購買意欲との関係では，安全性以外の全ての項目で，原発近辺であっても原発から離れた産地の食品と同じ価格で買っても良いと答えている人の方が多くなっていることがわかる。しかし，キュウリ以外の食品で安全性を選択した人については，同じ価格での購入を回避したいと考えている人の方が多くなっており，食品を買う際に安全性を重視している人の場合は原発近辺の食品を買うのを避ける傾向にあることが示唆される。

4-2-2 食品安全性に関する意識と購買意欲の関係

第二に，図 4-8 と図 4-9 で食品安全性に関するアンケート回答者の意識と原発近辺を産地とするキュウリ，リンゴ，牛肉，豚肉に関する購買意欲の関係について見ていきたい。

安全性への心がけと購買意欲

まず図 4-8 は，回答者が食品の安全性について普段心がけていることと原発近辺を産地とするキュウリ，リンゴ，牛肉，豚肉に対する購買意欲との関係をグラフにしたものである。食品の安全性について心がけていることに関する質問は，表 4-1 の Q7 への回答結果を基にした。

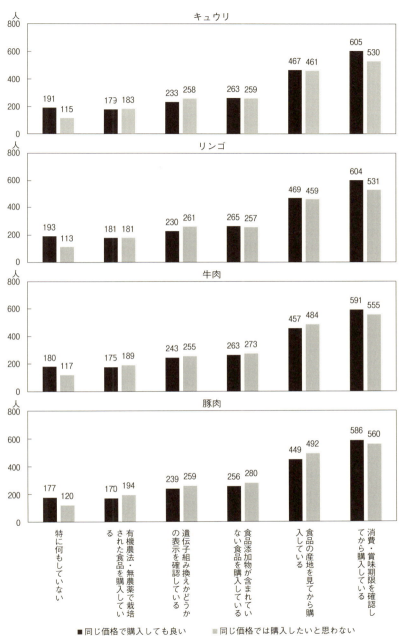

図 4-8　安全性への心がけと購買意欲

この図によると，キュウリ，リンゴについては，食品を購入する際に心がけている項目の中で「食品添加物が含まれていない食品を購入している」「産地を見てから購入している」「消費・賞味期限を確認してから購入している」を回答した人は，産地が原発近辺であっても原発から離れた地域と同じ価格で買っても良いと答えている人が比較的多くなっており，原発に近いキュウリ，リンゴであっても購買意欲があることが見て取れる。

　一方，食品を購入する際に心がけていることとして「有機農法・無機農薬で栽培された食品を買うようにする」「遺伝子組み換えかどうかの表示を確認するようにする」を選択した人の中では，産地が原発近辺の場合は，キュウリとリンゴを同じ価格で購入したくないと考えている人の割合が，購入しても良いと考えている人と比べて同じか高い傾向となっている。

　牛肉，豚肉についても食品を購入する際に心がけていることと購買意欲の関係について見てみると，「消費・賞味期限を確認してから購入している」では，キュウリとリンゴと同様に産地が原発近辺であっても原発から離れた地域と同じ価格で買っても良いと答えている人の割合が高くなっているが，それ以外の項目については同じ価格での購入は控えたいと答えている人の方が多い傾向にあった。

　また，食品を買う際に何の心がけもしていない人は，キュウリ，リンゴ，牛肉，豚肉全ての食品において，産地が原発に近い場合でも購入しても良いと答えている人の割合が高く，購買意欲があることが示唆される。

　以上より，食品を買う際に安全性について何らかの考慮をしている人の方が，そうでない人よりも，産地が原発に近い食品への購買意欲が低い傾向があることがうかがえる。

食品ラベルへの信頼と購買意欲

次に図 4-9 で食品に添付されたラベルから得られる情報に対する信頼性の違いと原発近辺を産地とするキュウリ，リンゴ，牛肉，豚肉に関する購買意欲との関係について見てみよう。図の「信頼している」の項目は，表 4-1 の Q8 のラベルから得られる情報について 1（全く信用していない）から 10（非常に信用している）までの信頼度を聞いた質問に関して，7 から 10 を選んだ回答者の数であり，「信頼していない」は 1 から 4 を選択した回答者の数である。

図で，キュウリ，リンゴ，牛肉，豚肉全ての食品においてラベルから得られる情報を信頼している人は，産地が原発から近い場合も購買意欲があることが見て取れるが，食品に添付されているラベル情報に信頼を

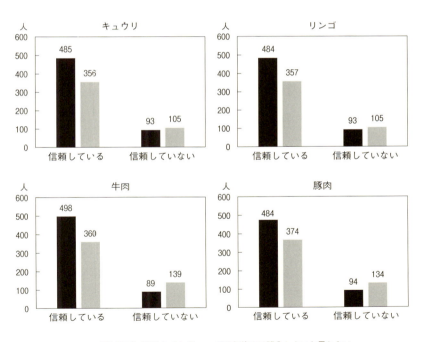

図 4-9　食品ラベルへの信頼と購買意欲

第 4 章　消費者意識と購買意欲

持てない人は購入を回避する傾向があると言えそうである。したがって、アンケートで実施した10品目の中では産地が原発に近い場合でも比較的購買意欲が高かったキュウリ、リンゴ、牛肉、豚肉については、ラベルから得られる情報に対する信頼性を高めていけば、産地が原発に近い場合でも購買意欲の向上につながっていくのではないかと考えられる。

4-2-3 社会貢献への関心度と購買意欲の関係

第三に、回答者の社会貢献への関心度と原発近辺を産地とするキュウリ、リンゴ、牛肉、豚肉に対する購買意欲の関係について図4-10と図4-11を使って説明していく。

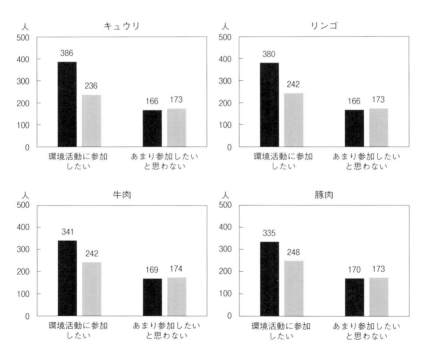

図4-10　環境保全活動への積極性と購買意欲

環境保全活動への積極性と購買意欲

まず，図4-10は，表4-1のQ9にある生態系保全や温暖化防止のための植林など環境保全活動への積極性に関する質問の回答結果から，回答者の環境保全活動への積極性と購買意欲の関係を図にしたものである。

図の「環境活動に参加したい」の項目は，ラベルから得られる情報について1（全く思わない）から10（非常にそう思う）までの環境保全活動参加への意志の度合いを聞いた質問に関して，7から10を選んだ回答者の数であり，「あまり参加したいと思わない」は1から4を選択した回答者の数である。

図から，キュウリ，リンゴ，牛肉，豚肉全ての食品において，環境保全活動に積極的に参加したいと考えている人は産地が原発から近い食品であっても購買意欲があることがわかる。一方，環境保全活動にあまり参加したいと思っていない人については，若干ではあるものの原発近辺が産地の食品を原発から離れた産地の食品と同じ価格で購入したくないと考えている人の方が同じ価格で買っても良いと考えている人より多くなっており，産地が原発に近い場合はキュウリ，リンゴ，牛肉，豚肉の購入を避けたいと考えている人が多くなっている。したがって，環境保全活動に積極的な人の方が積極的でない人よりも原発近辺を産地とするキュウリ，リンゴ，牛肉，豚肉に対する購買意欲があることになる。

被災地復興支援活動への参加に対する積極性と購買意欲

次に，図4-11で，東日本大震災で被害を受けた地域の復興支援活動の参加への積極性と原発近辺を産地とするキュウリ，リンゴ，牛肉，豚肉に対する購買意欲の関係についても見ていこう。この図の「復興支援に参加したい」は，表4-1のQ10にある被災地の復興支援に参加したいかの度合いを10段階で聞いた質問に7から10を選択した回答者の数をグラフにしている。「あまり参加したいと思わない」の項目では，同様の質問について1から4を選んだ回答者の数をグラフにしている。

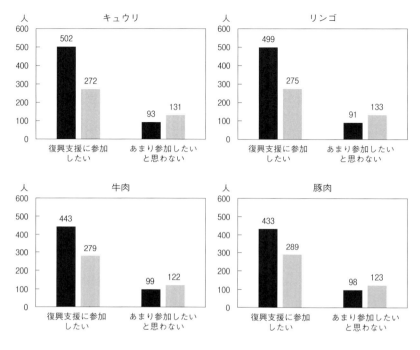

図 4-11 被災地復興支援活動への参加に対する積極性と購買意欲

　この図によると，復興支援に参加したいと考えている人の中では産地が原発に近くてもキュウリ，リンゴ，牛肉，豚肉に対する購買意欲があることがわかる。一方，復興支援にあまり参加したいと思っていない人は原発近辺を産地とするキュウリ，リンゴ，牛肉，豚肉の購入を避けたい傾向があることがわかる。

利他的意識と購買意欲
　したがって，図4-10と図4-11から環境保全や被災地の復興支援といった社会貢献に積極的に貢献したいという意識を持っている人の方がそう

でない人と比べて，産地が原発に近い場合でもキュウリ，リンゴ，牛肉，豚肉に対する購買意欲がある傾向があると言えそうである。

　このように，社会貢献への関心度の高い人ほど購買意欲が見られた背景には，原発近辺の食品を購入することで原発事故の影響で復興が遅れている地域を少しでも助けたいという利他的意識が関係していると推察される（有賀 2014）。環境経済学の分野では他人の効用が上がることで自分の満足度が上がることに価値を見出している人には利他的意識があると考えられているが（Kolstad 2000），環境保全や復興支援への関心が高い人ほど福島原発近辺の食品への購買意欲が見られたという結果は，こういった意識を持つ人たちの被災地の経済復興に貢献したいという利他的意識が働いていた可能性が示唆される。

4-2-4 放射能汚染に関する意識と購買意欲の関係

　第四に，放射能汚染に関する意識の違いと原発近辺を産地とするキュウリ，リンゴ，牛肉，豚肉に対する購買意欲の関係を図4-12から図4-15を使って見ていきたい。

食品中に放射性物質が含まれる危険性に関する意識と購買意欲

　まず図4-12で，本アンケートで対象となった10品目の食品の中で産地が原発に近い場合でも比較的購買意欲が見られたキュウリ，リンゴ，牛肉，豚肉について，店頭で売られている食品中に放射性物質が含まれる危険性に関する意識と購買意欲の関係について見ていきたい。この図は，表4-2のQ11の原発事故後店頭で売られている食品に放射性物質が含まれている危険性について，1（非常に低い）から10（非常に高い）の度合いで聞いた質問を基に，7から10を選択した回答者を「危険性は高い」と考えている人，1から4を選んだ回答者の数を「危険性は低い」と考えている人として，食品に放射性物質が含まれる危険性に関する意識と購買意欲の関係をグラフにしたものである。

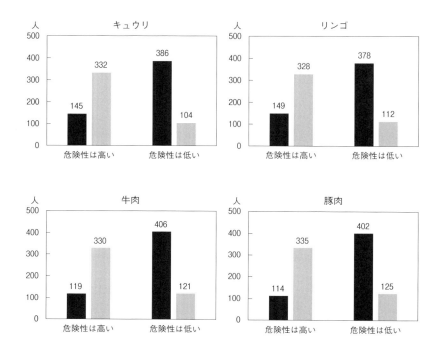

図4-12 食品中に放射性物質が含まれる危険性に関する意識と購買意欲

　この図によると，キュウリ，リンゴ，牛肉，豚肉全ての食品において，店頭で売られている食品中に放射性物質が含まれている危険性が高いと答えている人ほど，原発近辺を産地とする食品を買うことを回避する傾向があることが見て取れる。これに対し，食品中に放射性物質が含まれている危険性が低いと感じている人は，産地が原発に近い場合でも，原発から離れた地域の食品と同じ価格で買っても良いと考えている人の割合が高くなっており，危険性を感じている人と比べると購買意欲があることがわかる。すなわち，人々が原発近辺のキュウリ，リンゴ，牛肉，豚肉を買うかどうかは，食品中に放射性物質が含まれる危険性をどう捉えているかに関わっていると言える。

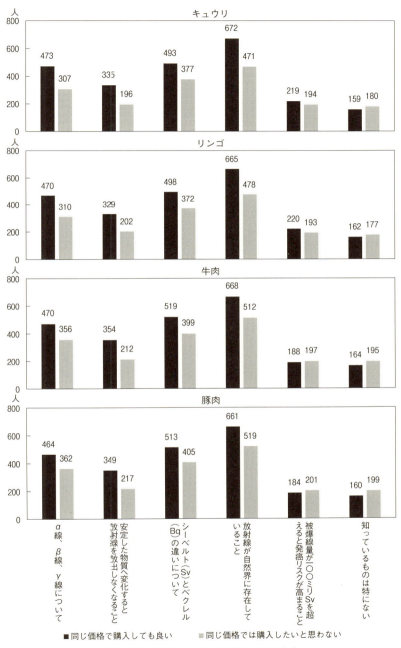

図 4-13　放射線に関する知識と購買意欲

放射線に関する知識と購買意欲

　次の図4-13は，放射線に関する様々な知識を持っているかどうかで食品の購買意欲に影響するかを見るためのものである。この図は，表4-2のQ12の質問項目にある，それぞれの放射線に関わる知識について知っていると答えた人の中で，原発近辺のキュウリ，リンゴ，牛肉，豚肉を原発から離れた産地のものと同じ価格で購入しても良いと答えた人と購入したくないと答えた人の数を表している。

　この図によると，キュウリ，リンゴにおいては放射線の知識に関する項目のいずれかひとつでも知っていると答えていた人については，産地が原発に近いキュウリやリンゴであっても購買意欲がある傾向が見られ，知識の内容による差はあまりないことが見て取れる。しかし，牛肉，豚肉については「追加的に受ける放射線量が100ミリシーベルトを超えると発がん率が0.5％程度増加すると言われている」ということを知っている人の場合は，原発近辺を産地とする牛肉，豚肉の購入を回避したいと答えている人の割合が高くなっており，このシーベルトが100ミリを超えた場合に発癌リスク[*4]が高まるという知識を持っている人は牛肉，豚肉の放射能汚染の危険性を懸念する傾向があることがうかがえる。また，放射線に関する知識を全く持たないと答えた人も，牛肉，豚肉だけでなくキュウリ，リンゴにおいても購入を回避する人の割合が高くなっており，知識を持っていないために食品の放射能汚染の危険性を大きく見ている可能性が示唆された。

　したがって，放射線に関する知識を全く持たない人々が，原発近辺を産地とする食品は全て放射能汚染の危険性があると信じるような状況を是正していくためにも，こうした人々が放射線に関する知識を得られるようにすることが重要であると言える。

---

　*4　放射線の発癌リスクとは，ある集団において放射線にさらされた場合と放射線にさらされなかった場合の癌発生率を比較した時に増える癌発生率のことをいう。

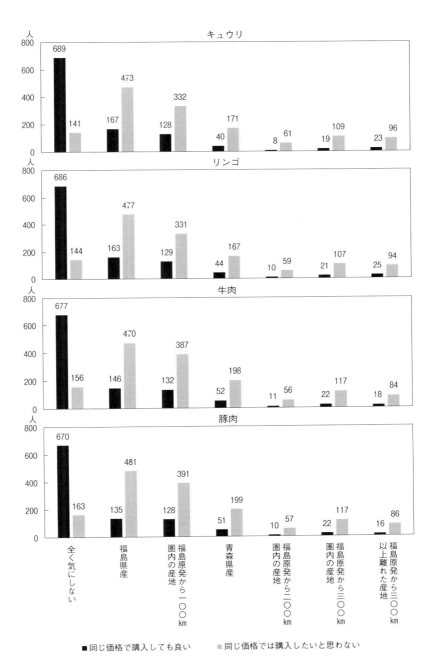

図 4-14　食品の産地に関する意識と購買意欲

食品の産地に関する意識と購買意欲

図 4-14 は，表 4-2 の Q13 の質問を基に，放射能汚染の可能性を懸念して食品をためらう産地とキュウリ，リンゴ，牛肉，豚肉それぞれに対する購買意欲の関係を表している。

Q13 では，気にする産地が複数ある場合は全て選ぶという形式でアンケートを実施しているが，図から特に福島県産を気にすると答えている人が多いことが見て取れる。また原発から 300 キロメートル以上離れた地域を産地とする食品についてまで放射能汚染の可能性を気にしている人も見られ，図のいずれかの産地を気にすると回答している人は，食品の種類にかかわらず購入を回避したいと考えている人の割合が多くなっている。一方，産地を気にしないを選択している人の場合は，産地が原発に近いキュウリ，リンゴ，牛肉，豚肉であっても購買意欲がある傾向が見られる。原発近辺の食品に対する購買意欲は人々が産地を気にするかに大きく関わっていると言えそうである。

食品中の放射性物質の規格基準への信頼と購買意欲

放射能汚染に関する意識の違いと購買意欲の関係を示した図の最後として，図 4-15 で，現況の食品中の放射性物質の規格基準を信頼している度合いと，キュウリ，リンゴ，牛肉，豚肉に対する購買意欲の関係について見てみよう。この図の「信頼している」は，表 4-2 の Q15 にあるように，現況の規格基準に対する信頼度を 1（全く信頼していない）から 10（非常に信頼している）の度合いで聞いた質問について，7 から 10 を選択した回答者の数をグラフにしている。「信頼していない」は同じ質問で 1 から 4 を選んだ回答者の数を表している。

図から，キュウリ，リンゴ，牛肉，豚肉の食品で，政府が設定している規格基準を信頼するかによって，購買意欲に大きな違いがあることを示している。いずれの食品でも原発に近い産地の食品を原発から離れた産地の食品と同じ価格で買っても良いと考えている人は，規格基準を信頼し

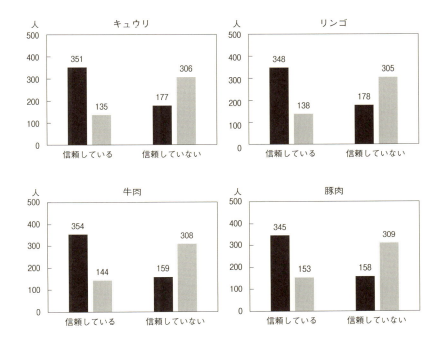

図 4-15 食品中の放射性物質の規格基準への信頼と購買意欲

ていると答えている割合が大きい。このことから，原発を産地とするキュウリ，リンゴ，牛肉，豚肉に対する購買意欲を上げていくには，放射性物質の規格基準への信頼を高めていくことが重要であると考えられる。

4-2-5 原発近辺で生産された食品に対する許容度と購買意欲の関係

第五に，キュウリ，リンゴ，牛肉，豚肉に対する許容度と購買意欲の関係を表 4-8 と図 4-16 で見ていきたい。

原発近辺で生産された食品に対する購買意欲

表4-8は，表4-3のQ16とQ17及びQ19とQ20の質問項目を基に，原発近辺を産地とするキュウリ，リンゴ，牛肉，豚肉を原発から離れた産地の食品と同じ価格で買っても良いと答えた人と，Q17-1～Q17-6及びQ20-1～Q20-6にある割引率のいずれかなら買っても良いと答えた人，Q17-1～Q17-6及びQ20-1～Q20-6で提示されたいずれの割引率であっても買わないと答えた人のサンプル数を表している。表の割合は，キュウリ，リンゴ，牛肉，豚肉それぞれのアンケート回答者の総計に占める割合である。

表より，キュウリ，リンゴ，牛肉，豚肉はアンケート対象となった10品目の中でも購買意欲が比較的見られたこともあり，回答者の半分以上の人が同じ価格で買っても良いと答えていることがわかる。一方，いずれの食品においても25％以上もの人が提示されたいかなる割引率であっても買いたくないと答えていることが見て取れる。

表4-8 原発近辺で生産された食品に対する購買意欲（1）

		サンプル数	割合
キュウリ	同じ価格で買っても良い	966	55.0%
	10%から60%の割引があれば買っても良い	318	18.1%
	いかなる割引があっても買わない	473	26.9%
リンゴ	同じ価格で買っても良い	965	54.9%
	10%から60%の割引があれば買っても良い	328	18.7%
	いかなる割引があっても買わない	464	26.4%
牛肉	同じ価格で買っても良い	940	53.2%
	10%から60%の割引があれば買っても良い	346	19.6%
	いかなる割引があっても買わない	482	27.3%
豚肉	同じ価格で買っても良い	925	52.3%
	10%から60%の割引があれば買っても良い	351	19.9%
	いかなる割引があっても買わない	492	27.8%

安全性を示すラベルと購買意欲

　図4-16は，表4-8のそれぞれの食品に関して「いかなる割引があっても買わない」と答えた回答者の中で表4-3のQ18とQ21の仮に原発近辺を産地とする食品を買う際に放射性物質を含む危険性がないことを示すラベルが貼られていれば買っても良いと思うかという質問について，買っても良いと答えた人と，買いたいとは思えないと答えた人の割合を示している。

　図から，いずれの食品においても，いかなる割引があっても買わないと答えた人の8割近くの人が食品の安全性を示すラベルが貼ってあっても買いたくないと答えていることがわかる。しかし，いかなる割引率があっても原発に近い産地の食品を買いたくないと答えている人の中でも，少なくとも2割程度の回答者は安全性を示すラベルがあれば買っても良いと答えており，食品に安全性を示すラベルを貼ることは回避傾向の強

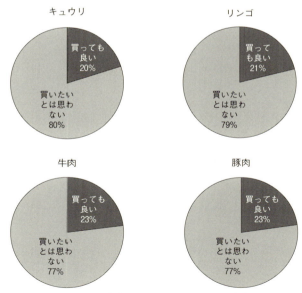

図4-16　安全性を示すラベルと購買意欲

い人々の購買意欲を上げるのに全く効果がないというわけではなさそうである。

4-2-6 社会的属性と購買意欲の関係

第六に，図4-17から図4-23で，回答者の社会的属性に関わる要素と原発近辺を産地とするキュウリ，リンゴ，牛肉，豚肉に対する購買意欲の関係について見ていきたい。

原発から居住地までの距離と購買意欲

まず，図4-17は，表4-4のQ22で聞いた回答者の居住地の情報を基に回答者の居住地と福島第一原子力発電所の距離を計算し，原発からの距離と購買意欲の関係をグラフにしたものである。図で，居住地の原発からの距離が200〜300kmの回答者と400km以上の回答者のサンプル数が多くなっているのは，前節で述べたようにアンケートは2014年の全国の日本の人口分布を基に回収しているため，東京，名古屋，大阪に居住している回答者が多かったためである。[5]

図からキュウリ，リンゴに関しては，回答者の居住地の原発からの距離にかかわらず，原発に近い産地の食品を原発から離れた産地の食品と同じ価格で買っても良いと答えた人の割合が高く，原発から遠いところに住んでいる人でも原発近辺を産地とする食品に対して購買意欲があることが見て取れる。牛肉も居住地が原発から400km以上離れている回答者の間でも，購入したいという人の方が購入を回避したいと考えている人より多くなっているが，キュウリやリンゴと比べると購入を回避する人の割合が高くなっている。また豚肉に関しては，居住地が原発から

---

*5 居住地が福島原発からの距離が200〜300kmの区分には，東京，横浜といった都市の回答者が含まれ，400km以上の区分には名古屋，大阪の回答者が含まれるため，三大都市圏を含まない100km以内，100〜200km，300〜400kmの区分からの回答者は少なくなっている。

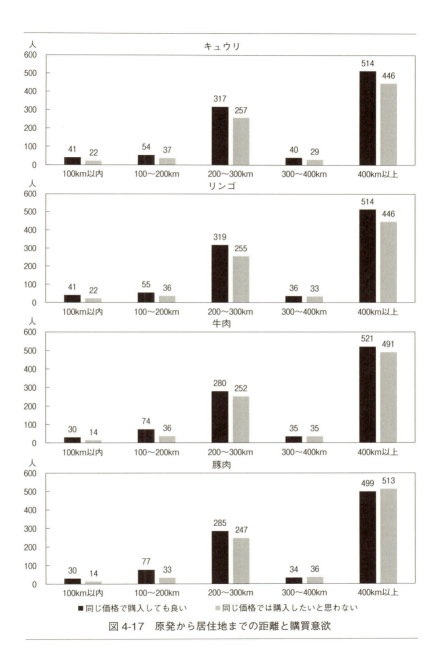

図4-17　原発から居住地までの距離と購買意欲

300km 以上離れている回答者においては購入を回避したいと考えている人の方が多くなっていることがわかる。

このように，キュウリ，リンゴと比べて牛肉や豚肉では居住地が離れている人ほど購入を回避したいと考える人が増える傾向が見られたわけだが，その原因としては，キュウリとリンゴについては牛肉や豚肉と比べて全国における福島県産の割合が高いため，400km 以上離れた居住地でも福島県産のキュウリやリンゴをスーパーなどで見かける機会があるため，牛肉や豚肉と比べると消費者になじみがあるものであったからではないかと考えられる。すなわち，キュウリやリンゴは原発から400km 以上離れた居住地にも原発に近い産地のものが供給されているため，普段から買っている回答者も多く，産地が原発から離れた回答者の場合でも購買意欲を示したのではないだろうか。一方，牛肉や豚肉は，畜産物においては都道府県別の表示義務がないこともあり[*6]，400km 以上離れた居住地では原発に近い産地のついたラベルを見かける機会は少ないため馴染みがないことから，キュウリやリンゴと比べて購入を避けたいと考えた回答者が多くなったのではないかと考えられる。

性別と購買意欲

次に図 4-18 で，性別とキュウリ，リンゴ，牛肉，豚肉に対する購買意欲の関係について見てみよう。

この図によると，いずれの食品においても男性の方が女性よりも原発近辺を産地とする食品に対する購買意欲があることが見て取れる。これ

---

*6　畜産物は繁殖地（牛や豚が生まれた場所），肥育地（牛や豚が育てられる場所），屠殺場所が都道府県をまたいでいることがあり，枝肉（屠畜・解体され，頭，皮，内臓などが除かれた状態の肉）の段階で都道府県レベルでの産地を特定することが難しいこともあり，都道府県別の表示義務がないのが現状である。したがって畜産物の産地表示では「国産」としか書かれていない場合が多い。しかし，食料品店でしばしば都道府県別の表示のある食肉が販売されているのは，都道府県別の表示を行うこと自体は禁じられていないからである。

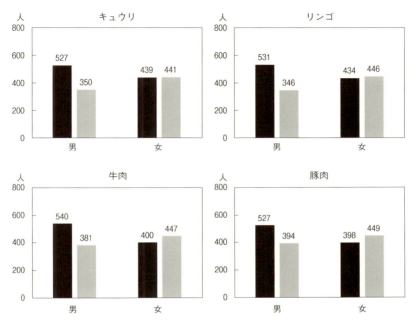

図 4-18 性別と購買意欲

は一般に女性の方が子供と過ごす時間が長く，食品中の放射能汚染の子供への影響を懸念して男性と比べて放射能汚染の危険性を高く評価する傾向にあることが影響していると考えられる。

年齢と購買意欲

図 4-19 は年齢と購買意欲の関係をキュウリ，リンゴ，牛肉，豚肉について示したものである。

この図から，いずれの食品においても，50 代と 60 代のグラフと比べると 40 代以下のグラフでは，原発近辺の食品を原発から離れた産地の食品と同じ価格で買いたくないと答えている人が多い傾向にあることが

第 4 章 消費者意識と購買意欲

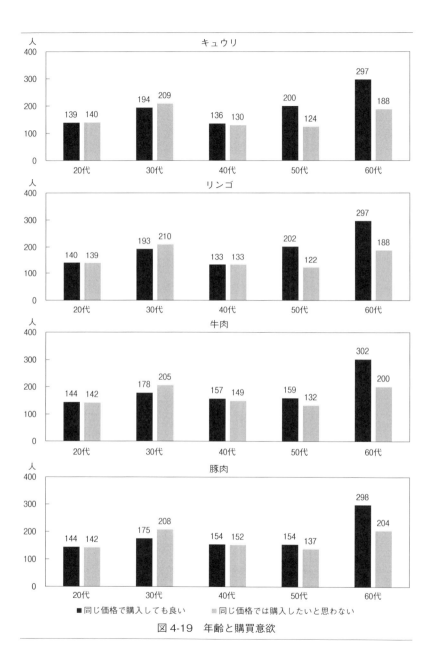

図 4-19 年齢と購買意欲

見て取れる．すなわち，若い年齢層ほど，原発に近い産地の食品の購入を回避する傾向があると言えそうである．図において30代で特に購入回避傾向が強く見られるのは，30代では幼い子供を持つ人の割合が高く，放射線の子供への影響を懸念しているからだと考えられる．

Cucinotta and Durante (2009) は，年齢が低い人の方が放射線の影響により発癌するリスクが高くなることを指摘しているが，原発事故後，放射能に汚染された食品を食べることによる被爆の危険性について様々なメディアで取り上げられたこともあり，低年齢の人ほど放射線の影響を受け易いということを多くの人が知るところとなったことも関係していると言える．

子供の有無と購買意欲

次に，図4-20と図4-21で家庭に子供が多くいるかどうかで原発近辺を産地とするキュウリ，リンゴ，牛肉，豚肉に対する購買意欲に違いがあるかを見てみよう．

図4-20は，表4-4のQ25の同居家族に関するアンケートの回答結果を基に家族構成と購買意欲の関係を表したものである．この図によると，いずれの食品においても小学生以下の子供と暮らしている人ほど原発近辺の食品を回避したいと考えている傾向があることがわかる．一方，高校生以上の子供と暮らしている回答者では，産地が原発に近い食品であってもある程度の購買意欲が見られ，65歳以上の高齢者と暮らしている回答者では産地を気にせず購買しても良いと考えている傾向があると言えそうである．

図4-21では，表4-4のQ26の同居している家族の中で15歳以下の子供の数に関するアンケートの結果を基に，同居家族にいる子供の数と購買意欲の関係を表している．図から，いずれの食品においても，同居家族に子供の数が多い回答者では，同居家族に子供が1人の回答者と比べて，原発に近い産地の食品を回避したいと答えている人の割合が高い傾

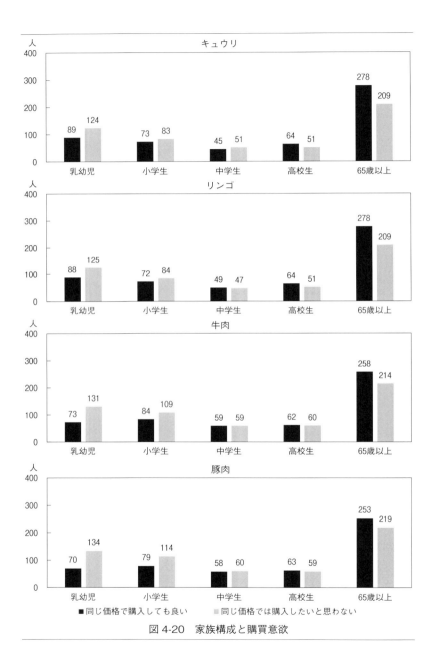

図 4-20 家族構成と購買意欲

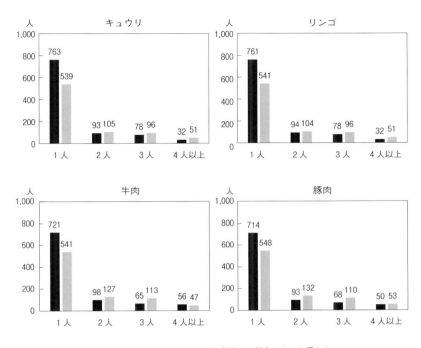

図 4-21　15 歳以下の子供の数と購買意欲

向があることが見て取れる。したがって，子供を多く抱えている家庭では，産地が原発に近い場合は，過半数が買っても良いという食品であるリンゴ，キュウリ，牛肉，豚肉であっても，放射能汚染の危険性を懸念して購入を避ける傾向にあると言えそうである。子供が 1 人の家庭では産地が原発に近い場合でも購買意欲が見られたのは，本アンケートでは 60 代の回答者が多く含まれており，3 世帯同居で孫と同居しているため 15 歳以下の子供と一緒に住んではいるものの，食事などは孫とは別にすることが多いといった回答者もいたためなのではないかと考えられる。

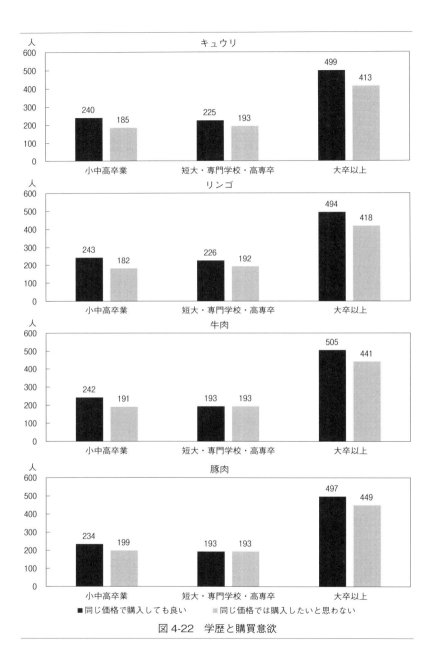

図 4-22 学歴と購買意欲

学歴と購買意欲

　図4-22は，表4-4のQ27で小中学校卒業，高校卒業を選んだ人を「小中高卒業」，短大・専門学校・高専卒及び大学中退を選んだ人を「短大・専門学校・高専卒」とし，大学卒，大学院の修士及び博士を選んだ人を「大卒以上」として分類した時の，学歴と原発近辺を産地とするキュウリ，リンゴ，牛肉，豚肉に対する購買意欲との関係を示したものである。

　この図によると，いずれの食品においても学歴の違いによる購買意欲の違いはなさそうである。牛肉と豚肉についても，小中高卒業の人と比べて短大・専門学校・高専卒の人で購買意欲が低下する傾向があるため，一見学歴が上がるにつれて購買意欲が下がる傾向があるように思われるが，大卒以上では購買意欲が下がるどころか上がるという傾向が見られるため，キュウリ，リンゴ，牛肉，豚肉においては，回答者の学歴が上がることで購買意欲が変わってくるということはないと考えられる。

所得と購買意欲

　本節の最後に図4-23で，回答者の所得とキュウリ，リンゴ，牛肉，豚肉に対する購買意欲の関係について見てみよう。この図は，表4-4のQ27の質問を基に，回答者の年間総所得と購買意欲の関係をグラフにしている。年間総収入が1,000万円以上のサンプルは数が少なかったため，800万円以上の収入のサンプルとしてひとまとめに表示している。

　図から，豚肉以外では，所得の違いによって購買意欲が変わってくるということはあまり見られず，ほとんどの所得層で，産地が原発から近い食品であっても原発から離れた産地の食品と同じ価格で買っても良いと答えている人の割合が高い傾向にあることが見て取れる。

　豚肉については，所得が200万円未満と800万円以上の回答者の間で購入を回避したいと考えている人の割合が他の所得層と比較して多くなっていることがわかる。このような傾向が見られたのは，まず所得が800万円以上の回答者には，お金で放射能に汚染された食品を買う危険

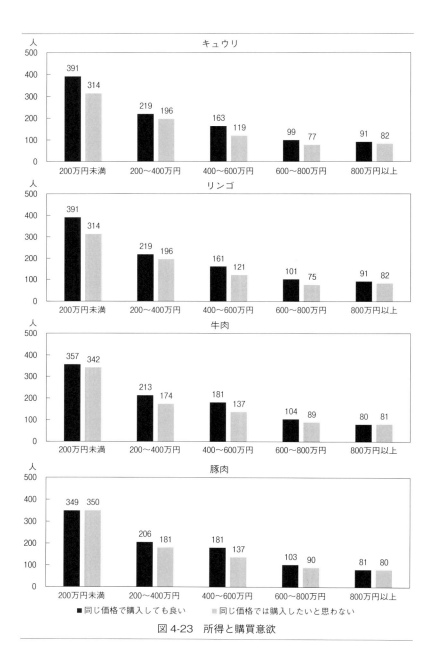

図 4-23　所得と購買意欲

性を避けられるなら，原発から離れた産地の食品に高い金額を払っても良いと考えている人も含まれていたからではないだろうか。

次に，所得が200万円未満の所得層で，産地が原発に近い豚肉の購入について回避的な人が多くいたのは，所得が200万円未満の層には女性で専業主婦をしている人が多く含まれているため，子供への影響を懸念している，調理する頻度が高いといった回答者が多かったからではないかと考えられる。実際，豚肉に関するアンケートの回答者で所得が200万円未満の回答者に女性が占める割合を見てみると73％が女性であった。したがって所得が200万未満の層で原発近辺の豚肉の購入を回避したいと答えている人が多かったのは，この層の回答者の多くが女性であったことが影響していると思われる。

4-3 半数が買っても良いという食品
――生シイタケ，鶏卵，マグロ

本節では，産地が原発近辺の食品を福島第一原発から離れた産地の食品と同じ価格で購入しても良いと答えた回答者と購入したくないと答えた回答者の数がほぼ同数となっており，前節で見たキュウリ，リンゴ，牛肉，豚肉と比べると購買意欲が低いものの，少なくとも回答者の半数は買っても良いと答えていた生シイタケ，鶏卵，マグロについて，どういった要素が購買意欲に影響しているかを見ていく。本節でも回答者の食生活，食品安全性に関する意識，社会貢献への関心度，放射能汚染に関する意識，原発近辺で生産された食品に対する許容度，社会的属性という6つの項目に関連した要素が購買意欲とどう関係しているかを考察していく。

4-3-1 回答者の食生活と購買意欲の関係

第一に，回答者の食生活と，産地が原発近辺の生シイタケ，鶏卵，マグロに対する購買意欲との関係について図4-24から図4-28で見ていきたい。

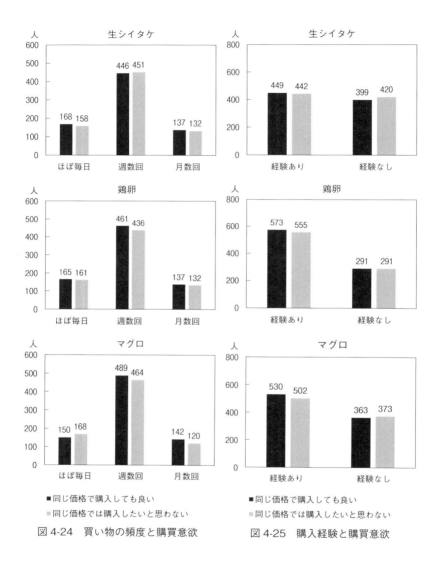

図 4-24 買い物の頻度と購買意欲　　図 4-25 購入経験と購買意欲

買い物の頻度と購買意欲

まず，図 4-24 は，回答者が普段買い物をしている頻度と購買意欲の関係を表している。

図から，生シイタケと鶏卵については買い物の頻度による購買意欲の違いはあまり見られず，買い物の頻度の違いにかかわらず，産地が原発に近い食品を原発から離れた産地の食品と同じ価格で購入しても良い人と購入したいと思わない人の数が同じくらいとなっていることが見て取れる。しかしマグロに関しては，ほぼ毎日買い物をする人は購入を避ける傾向が見られ，ほぼ毎日買い物に行く人は産地が原発に近いマグロについて放射能汚染の危険性を懸念している傾向があることがうかがえる。

購入経験と購買意欲

次に図 4-25 で，生シイタケ，鶏卵，マグロの購入経験と，産地が原発に近いこれらの食品に対する購買意欲との関係について考察する。

この図によると，生シイタケについては購入した経験がある場合は，産地が原発に近い場合でも購入しても良いと考えている人の割合が多い傾向にあるが，購入の経験がない場合は購入を避けたいと考えている人が多くなっていることがわかる。また，鶏卵とマグロについても，生シイタケの結果と比べるとあまり顕著ではないものの，購入の経験がある人の方が原発近辺の食品への購買意欲があると言えそうである。

したがって，前節で見たキュウリ，リンゴ，牛肉，豚肉と比べると，これらの食品に対する購買意欲があまり高くなかったのは，自分で購入した経験がない人の多くが，これらの食品については産地が原発に近い場合は，食品の安全性に関して懸念を抱いている傾向があるからだと言えそうである。

調理経験と購買意欲

図 4-26 は，回答者が調理をする頻度と産地が原発に近い生シイタケ，

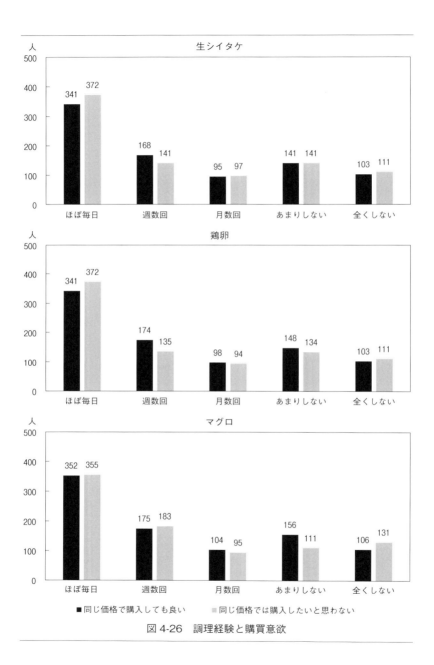

図 4-26 調理経験と購買意欲

鶏卵，マグロに対する購買意欲の関係を表している。

　図から，本節で扱っている3つの食品全てにおいて，調理を毎日すると答えている人の間では原発に近い産地の食品を回避したいと考えている人が多い傾向にあることが見て取れる。そして，生シイタケと鶏卵については週数回しか調理しない人は産地が原発に近い場合でも購入しても良いと答えている人の割合が多くなっているが，マグロについては週数回料理する人においても購入を回避したいと答えている人が多い傾向となっている。したがって，調理を頻繁にする人の中では，とくにマグロに関して産地が原発に近い場合に放射能汚染の危険性を懸念している可能性が示唆される。

　また，前節の購買意欲の見られる食品4品目と同様に，調理を月数回しかしない人とあまりしない人の間では原発近辺の食品であっても購入しても良いと考えている傾向があることがわかる。しかし，調理を全くしないと答えた人については，購入を回避したいと考えている人の割合が高くなっており，これは図4-25で見られたように，生シイタケ，鶏卵，マグロを購入したことがない人の間では原発近辺の食品を回避したいと答えている人の割合が高くなっていたためではないかと考えられる。実際，普段調理を全くしないと答えている人のうち，生シイタケ，鶏卵，マグロを自分で購入したことがないと答えている人の割合はそれぞれ85％，78％，82％となっており，普段調理を全くしない人の多くはこれらの食品を購入した経験がない傾向にあると言える。

食事形態と購買意欲

　図4-27は生シイタケ，鶏卵，マグロにおける食事形態と購買意欲の関係を表している。

　この図から，生シイタケと鶏卵については，普段「お総菜などは使わずに家で料理された食事を取ることが多い」と答えている人は，産地が原発に近い場合は離れた産地の食品と同じ価格では購入したくないと答

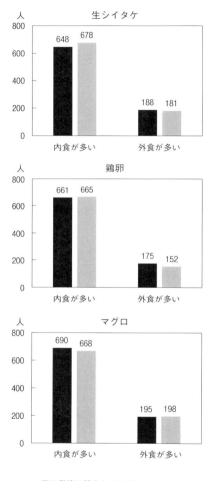

図 4-27　食事形態と購買意欲

えている人の割合が多くなっていることがわかる。一方，お惣菜，弁当，レストランなど普段食事を中食・外食で済ますことが多い人は，家で料理をして食事を済ませている人よりも原発近辺の食品を購入しても良いと考えている人の割合が多いことが見て取れる。これは，一般にレストランなどでは食品の産地などが細かく記載されていないことが多く，普段外食をしている人の方が産地を気にせずに食事をしていることが影響しているのではないだろうか。

しかし，マグロに関しては生シイタケと鶏卵とは異なる結果となっており，普段家で調理をして食事をしている人の方が外で食事をしている人よりも産地が原発に近い食品について購買意欲がある傾向となっている。これは，一般に日本人の多くの家庭では，マグロの方が生シイタケや鶏卵と比べて料理で使う頻度が少なく，購入する頻度も少ないため，放射能に汚染された食品を買う危険性を低く評価する傾向があるからだと考えられる。

食品を買う際に重視する内容と購買意欲

回答者の食生活と購買意欲の関係に関する最後の図4-28では，回答者が食品を買う際に重視している項目と，産地が原発に近い生シイタケ，鶏卵，マグロに対する購買意欲の関係を表している。

図から，生シイタケと鶏卵については，食品を買う際に手に取って見た時の品質，鮮度，消費・賞味期限，安全性を重視している人は，産地が原発に近い場合は購入を控えたいと答えている人の割合が高い傾向にあることがわかる。しかし，価格を重視すると答えている回答者に関しては，産地が原発に近い場合でも購入しても良いと答えている人の割合が高くなっていることが見て取れる。

この傾向はマグロにおいても言えそうであり，食品を買う際に価格を重視している人は，原発近辺を産地とするマグロを原発から離れた産地のマグロと同じ価格で買っても良いと考えている人の割合が高くなって

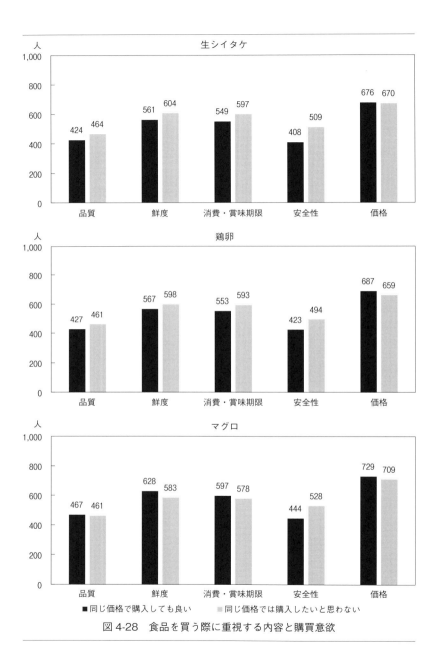

図 4-28　食品を買う際に重視する内容と購買意欲

いる。前節の購買意欲の見られた食品であるキュウリ、リンゴ、牛肉、豚肉においても、食品を買う際に価格を重視する人の間では購買意欲が見られたため、程度の差はあれ購買意欲がある食品については、価格面での食品の魅力を消費者に伝えることができれば、生シイタケ、鶏卵、マグロのいずれにおいても購買意欲につながるのではないかと考えられる。

マグロについては、安全性を重視すると答えている人以外では産地が原発に近い場合でも購買意欲がある傾向が見られ、品質や鮮度が良ければ購入しても良いと考えている人が多い傾向にあると言えそうである。しかし、マグロにおいても安全性を重視している人は購入を回避する傾向にあり、消費者に安全性をどう伝えていけるかが今後販売量を増やしてく上で重要であることがうかがえる。

4-3-2 食品安全性に関する意識と購買意欲の関係

このように、消費者が原発近辺を産地とする食品を回避する原因には、安全性に関する意識が深く関わっていると考えられる。そこで前節と同様に、第二に、回答者の安全性に関する意識と購買意欲の関係を、回答者の約半数が原発近辺の産地の食品と同じ価格で買っても良いと答えていた生シイタケ、鶏卵、マグロにおいても見ていきたい。

安全性への心がけと購買意欲

まず、図4-29では、食品の安全性について心がけていることと購買意欲の関係をグラフにしている。

この図から、有機農法といった栽培方法、遺伝子組み換えの有無、食品添加物の有無など、食品を買う際に何かしら安全性に関して心がけていることがある人は、生シイタケ、鶏卵、マグロのいずれの食品においても産地が原発に近い場合は購入を回避したいと考えている人の割合が高い傾向があることが見て取れる。一方、図の「特に何もしていない」のグラフを見るとわかるように、食品を購入する際に何の注意も払って

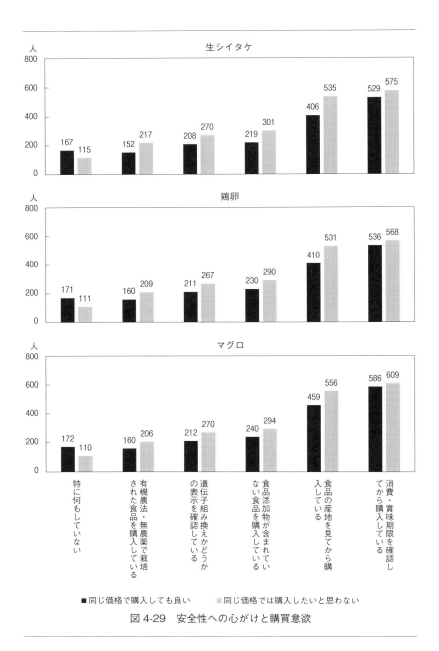

図 4-29 安全性への心がけと購買意欲

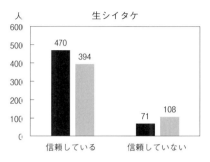
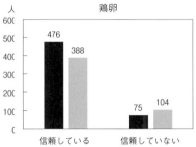
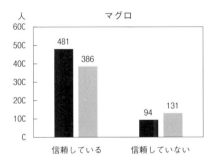

図 4-30　食品ラベルへの信頼と購買意欲

第 4 章　消費者意識と購買意欲

いない人の場合は、原発近辺の食品に対する購買意欲が比較的あるということがわかる。したがって、ここでも安全性に関する意識の強い人ほど原発近辺を産地とする食品の安全性を懸念していることが示唆される。

食品ラベルへの信頼と購買意欲

次に図4-30で、食品に添付されたラベル情報への信頼性と、生シイタケ、鶏卵、マグロに対する購買意欲の関係から、人々の安全性に関する意識が購買意欲に与える影響について見てみよう。

この図から、生シイタケ、鶏卵、マグロのいずれにおいても、食品に添付されたラベルから得られる情報を信頼できる人は産地が原発に近い食品であっても購買意欲がある傾向が見られるが、ラベルの情報を信頼していない人は購入を回避したいと考えている人の割合が高いことがわかる。したがって、前節で扱った購買意欲の見られる食品と同様に、生シイタケ、鶏卵、マグロにおいても、ラベルから得られる情報に対する信頼性を高めていくことができれば、原発近辺を産地とするこれらの食品の安全性に関する懸念も緩和され、購買意欲の向上につながっていく可能性があると言える。

4-3-3 社会貢献への関心度と購買意欲の関係

第三に、前節と同様に、回答者の社会貢献への関心度と、原発近辺を産地とする生シイタケ、鶏卵、マグロの購買意欲の関係を、アンケート回答者の環境意識及び被災地復興支援活動への積極性との関係で見ていきたい。

環境保全活動への積極性と購買意欲

まず、図4-31で回答者の環境意識と原発近辺を産地とする生シイタケ、鶏卵、マグロに対する購買意欲の関係について説明する。図から、本節で扱っている食品においても、前節と同様に、環境保全活動に積極的に参加したいと考えている人ほど、産地が原発に近い食品に対して購

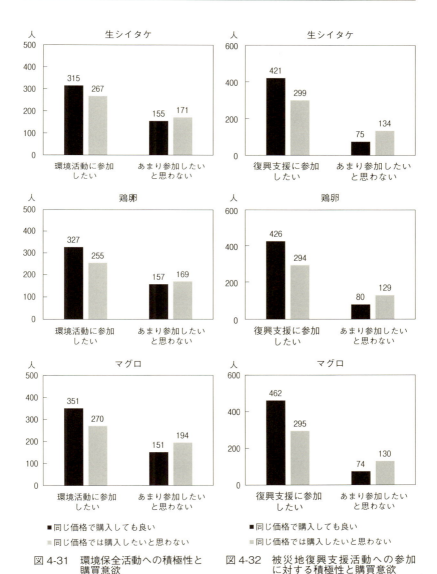

図 4-31 環境保全活動への積極性と購買意欲

図 4-32 被災地復興支援活動への参加に対する積極性と購買意欲

第 4 章 消費者意識と購買意欲

買意欲があることが見て取れる。そして，環境保全活動にあまり参加したいと思っていない人は，購入を回避する傾向があることがわかる。

被災地復興支援活動への参加に対する積極性と購買意欲

また図 4-32 では，被災地の復興支援活動への積極性と購買意欲の関係をグラフにしている図だが，ここでも，前節と同様に，復興支援活動の参加に積極的な人は，原発近辺の食品に対する購買意欲が見られるが，参加に積極的でない人は購入を避ける傾向が見られる。

以上より，本節でも環境保全や復興支援といった社会貢献への関心度が高い人ほど原発近辺の食品への購買意欲が見られ，これは前節でも説明したように社会貢献への関心度の高い人ほど自分のことだけでなく，東日本大震災で被害を受けた地域の復興を支援したいという利他的意識が働いている可能性が示唆される。

4-3-4 放射能汚染に関する意識と購買意欲の関係

第四に，図 4-33 から図 4-36 で，生シイタケ，鶏卵，マグロにおいてもアンケート回答者の放射能汚染に関する意識と購買意欲の関係について見ていく。

食品中に放射性物質が含まれる危険性に関する意識と購買意欲

まず図 4-33 では，店頭で売られている食品中に放射性物質が含まれる危険性に関する意識と，生シイタケ，鶏卵，マグロに対する購買意欲の関係について見ていきたい。

図から，本節でも全ての食品において，店頭で売られている食品に放射性物質が含まれる危険性を強く意識している人ほど，産地が原発に近い食品の購入に回避的であることが見て取れ，食品の放射能汚染に関する意識の違いが産地が原発に近い食品の購買意欲に大きく影響を与えていることがわかる。

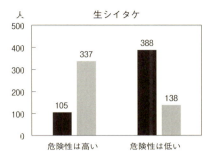

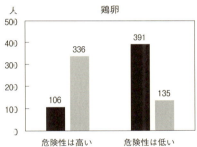

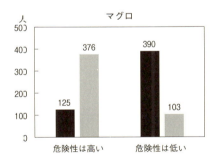

■ 同じ価格で購入しても良い
■ 同じ価格では購入したいと思わない

図 4-33　食品中に放射性物質が含まれる
　　　　 危険性に関する意識と購買意欲

放射線に関する知識と購買意欲

次に図 4-34 で，回答者が放射線について持っている知識が，生シイタケ，鶏卵，マグロに対する購買意欲に与える影響について見ていきたい。

図から，放射線量が 100 ミリシーベルトを超えると発癌リスクが高まるという知識以外の知識をひとつでも知っていると答えている人は，いずれの食品においても原発近辺を産地とする食品を原発から離れた産地の食品と同じ価格で買っても良いと答えている人の割合が高く，原発近辺を産地とする食品に対する購買意欲があることが見て取れる。しかし，前節の牛肉と豚肉と同様に，放射線量が 100 ミリシーベルトを超えると発癌リスクが高まることを知っていると答えた人は，3 品目全てで，産地が原発に近い場合は，放射能汚染の危険性を懸念して購入を控える傾向にあることがわかる。

放射線に関する知識について，「知っているものは特にない」と答えている人については，前節と同様に，いずれの食品においても，購入を回避したいと考えている人の割合が高くなっており，ここでも放射線について何の知識もないことが放射能汚染の危険性を高く評価する要因となっている可能性が示唆される。したがって，放射線についての理解を深める機会を増やしていくことは，こういった放射線に関する知識をあまり持たない人達のために，本節で扱っている食品においても，原発近辺を産地とする食品に対する見方に一定の影響を与えることにつながるのではないかと考えられる。

食品の産地に関する意識と購買意欲

図 4-35 は，放射能汚染の可能性を懸念して食品の購入をためらう産地と原発近辺を産地とする生シイタケ，鶏卵，マグロに対する購買意欲の関係をグラフにしたものである。

図から，本節においても，3 品目全てで，アンケートの選択肢に入っているいずれかの産地を選択した人は，原発近辺を産地とする食品を回

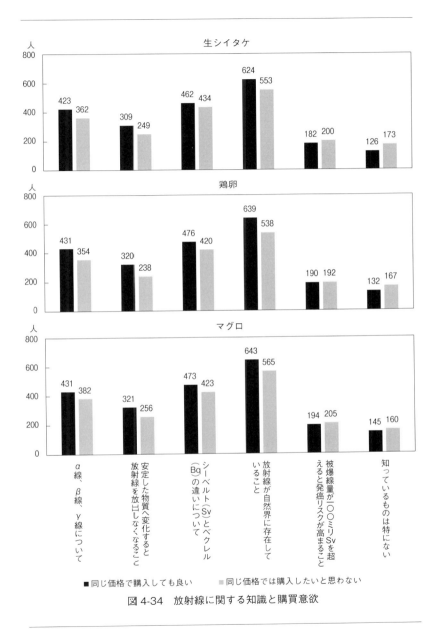

図 4-34 放射線に関する知識と購買意欲

第 4 章 消費者意識と購買意欲

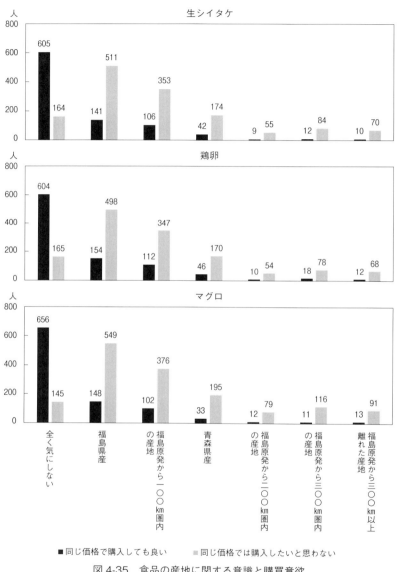

図 4-35　食品の産地に関する意識と購買意欲

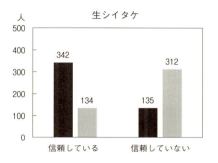

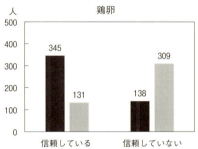

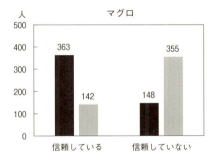

■ 同じ価格で購入しても良い
■ 同じ価格では購入したいと思わない

図 4-36　食品中の放射性物質の規格
　　　　　基準への信頼と購買意欲

第 4 章　消費者意識と購買意欲

避したいと考えている人の割合が高くなっていることがわかる。ここでも福島県が産地の食品を回避したいと考えている人が多く，原発からの距離が遠い産地ほど購入をためらうと回答している人の数は減っているものの，ためらう産地があると答えた人は，原発近辺の食品を回避する傾向があることが見て取れる。

食品中の放射性物質の規格基準への信頼と購買意欲

放射能汚染に関する意識と購買意欲の関係の最後に，図 4-36 で，日本政府が設定している食品中の放射性物質の規格基準を信頼している度合いと，原発近辺を産地とする生シイタケ，鶏卵，マグロに対する購買意欲の関係について考察したい。

図から，前節と同様に，食品中の放射性物質の規格基準を信頼していると答えている人は産地が原発に近い場合でも購買意欲がある傾向が見られるが，規格基準を信頼していないと答えている人は購入を回避したいと考えている傾向にあることがわかる。したがって，前節で扱った購買意欲の見られた食品と同様に，規格基準への信頼性を高めていくことが，本節の購買意欲のやや見られた食品においても重要であると考えられる。

4-3-5 原発近辺で生産された食品に対する許容度と購買意欲の関係

第五に，原発近辺で生産された食品に対する許容度と購買意欲の関係について，表 4-9 と図 4-37 を使って見ていきたい。

原発近辺で生産された食品に対する購買意欲

まず表 4-9 は，生シイタケ，鶏卵，マグロについて，原発から離れた産地の食品と同じ価格で買っても良いと答えた人，割引があれば買っても良いと答えた人，いかなる割引があっても買わないと答えた人の割合を示している。

表 4-9　原発近辺で生産された食品に対する購買意欲（2）

		サンプル数	割合
生シイタケ	同じ価格で買っても良い	848	49.6%
	10%から60%の割引があれば買っても良い	323	18.9%
	いかなる割引があっても買わない	539	31.5%
鶏卵	同じ価格で買っても良い	864	50.5%
	10%から60%の割引があれば買っても良い	337	19.7%
	いかなる割引があっても買わない	509	29.8%
マグロ	同じ価格で買っても良い	893	50.5%
	10%から60%の割引があれば買っても良い	358	20.2%
	いかなる割引があっても買わない	517	29.2%

　表から，これらの3品目は，同じ価格で購入しても良いと答えた回答者と購入したくないと答えた回答者の数がほぼ同数となっており，購買意欲がやや見られる食品であるため，同じ価格で買っても良いと答えている人の割合が50％程度となっている。本表を前節の購買意欲の見られた食品で見た表4-8との比較で見ると，割引があれば買っても良いと答えている人の割合は，品目ごとの総回答者のほぼ20％とあまり違いがないが，いかなる割引があっても買わないと答えている人の割合が高くなっており，購買意欲の見られた食品と比べて購入を回避したいと考えている人が多い傾向にあると言えそうである。特に生シイタケについては，いかなる割引があっても買わないと答えている人の割合が30％を超えており，放射能汚染の危険性を懸念している人が多くいることが見て取れる。

　このように，生シイタケにおいて購入を回避したいと考えている人が多かったのは，きのこ・山菜類は放射性物質を集めやすい特性があり，高い放射線量が検出されているという情報が広まっていることが影響しているのではないかと考えられる。

図 4-37　安全性を示すラベルと購買意欲

安全性を示すラベルと購買意欲

次に図 4-37 で，表 4-9 のいかなる割引があっても買わないと答えた回答者の中で，どれくらいの人が，仮に食品に安全性を示すラベルが貼ってあれば生シイタケ，鶏卵，マグロを買っても良いと考えているかについて見てみよう。

図から，前節と同様に，鶏卵，マグロについては，安全性を示すラベルが貼ってあっても買わないと答えている人が約 8 割いるのに対し，ラベルが貼ってあれば買っても良いと答えている人は約 2 割程度いることがわかる。一方，生シイタケに関しては，25％もの人が安全性を示すラベルがあれば産地が原発に近い場合でも買っても良いと答えており，前節の購買意欲の見られた食品と比較してもラベルの効果が発揮できる可能性が示唆される。このように生シイタケにおいて，安全性のラベルが貼ってあれば買っても良いと答えている人の割合がやや高めになったのは，生シイタケについてはいかなる割引があっても買いたくないと答えている人の割合が高かったことが関係しているのではないかと思われる。

4-3-6 社会的属性と購買意欲の関係

第六に，アンケート回答者の社会的属性に関する要素と原発近辺を産地とする生シイタケ，鶏卵，マグロに対する購買意欲の関係について，図 4-38 から図 4-45 を使って考察していきたい。

原発から居住地までの距離と購買意欲

図 4-38 は，回答者の居住地の福島第一原子力発電所からの距離と，原発近辺を産地とする食品に対する購買意欲の関係を示している。前節と同様に，原発からの距離が 200〜300km の回答者と 400km 以上の回答者数が多いのは，日本の人口が東京，名古屋，大阪の三大都市圏に集中しているためである。

図から，生シイタケ，鶏卵，マグロのいずれにおいても居住地の原発からの距離が 100km 以内の回答者では，原発近辺を産地とする食品に対して購買意欲があることがうかがえるが，それ以外の区間では，購入したいと答えている人と購入したくないと答えている人の回答者数がほぼ同数となっていることが見て取れる。この結果を，前節のどの居住地に住む回答者においても過半数が買っても良いと答えていたキュウリ，リンゴ，牛肉と比較すると，生シイタケ，鶏卵，マグロに関しては居住地が原発に近い回答者を除くと全国的に購買意欲は少ない傾向にあると言える。前節の食品と比べてこのような違いが見られたのは，生シイタケ，鶏卵，マグロは全国各地で生産されており，原発から離れたところに住んでいる回答者の多くは，わざわざ放射能汚染の危険性が懸念されている原発近辺の食品を買わなくても，地元の食品を買えば良いと考えている人が多かったことが影響していると思われる。

性別と購買意欲

図 4-39 は，性別の違いによる購買意欲の違いを表している。

図から，生シイタケ，鶏卵，マグロのいずれにおいても性別による購買意欲の違いは明瞭であり，男性は産地が原発に近い場合でも購買意欲が見られるのに対し，女性は購入を回避する傾向が強いことが見て取れる。ここでも，男性よりも女性の方が放射能の子供への影響を懸念して，できるだけ原発近辺を産地とする食品を買うのを避けたいと考えていることが，男女間の購買意欲の差に影響していると考えられる。

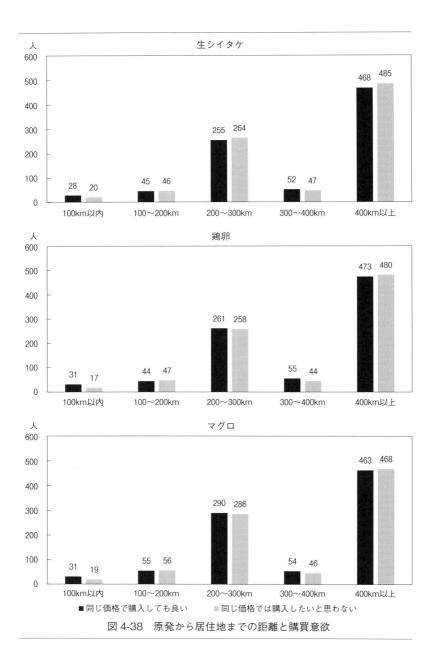

図 4-38　原発から居住地までの距離と購買意欲

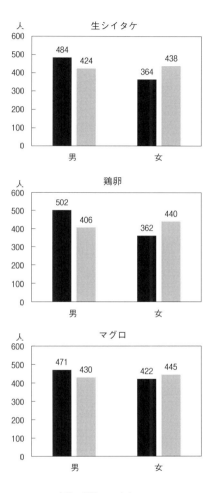

図 4-39 性別と購買意欲

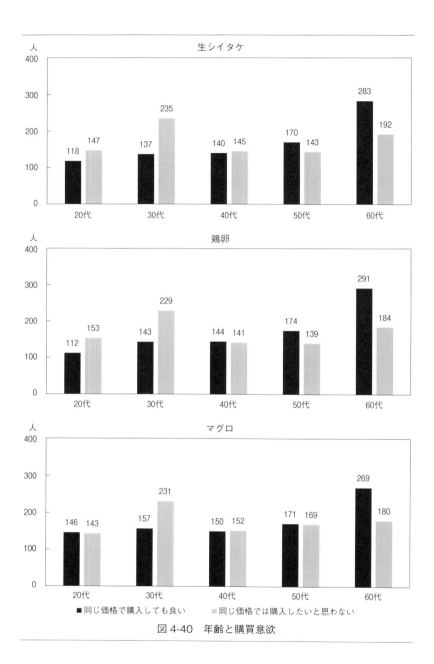

図 4-40 年齢と購買意欲

年齢と購買意欲

次に図 4-40 で，年齢と原発近辺を産地とする生シイタケ，鶏卵，マグロに対する購買意欲の関係について見てみよう。

本図でも，前節で扱った購買意欲の見られた食品の図と同様に，主に 40 代以下の年齢層では購買を回避する傾向が強くなっているが，本節の生シイタケ，鶏卵，マグロでは特に 30 代で産地が原発に近い食品を購入するのを回避したいと考えている割合が高いことがわかる。30 代で購入を回避したいと答えている人が多くなっているのは，この年齢層が乳幼児を抱えている人の割合が最も高く，放射能の子供への影響を懸念して購入を回避したいと答えているからだと考えられる。また，50 代，60 代では購買意欲がある傾向が見られ，年齢が高い人ほど，原発近辺を産地とする食品を購入しても良いと考えている傾向があると言えそうである。

子供の有無と購買意欲

図 4-41 と図 4-42 は，回答者が子供と同居しているかによって原発近辺を産地とする生シイタケ，鶏卵，マグロに対する購買意欲に違いがあるかを示したものである。

図 4-41 では，家族内にいる子供の年齢と購買意欲の関係を表している。図から，特に家庭内に小学生以下の子供のいる人ほど産地が原発に近い場合は購入を回避したいと考えている傾向があることが見て取れる。生シイタケと鶏卵のグラフで，子供の年齢が高校生以上になると原発に近い産地の食品を原発から離れた産地の食品と同じ価格で買っても良いと答えている人の方が，買いたくないと答えている人よりも多くなっており，原発に近い産地の食品に対する回避行動も少なくなっていることから，回答者の多くは放射能の低年齢の子供への影響を特に懸念していると考えられる。しかし，マグロについては高校生のいる家庭でも購入を回避したいと考えている回答者が多く見られ，他の食品と比較して放射能汚染の危険性を高く評価していることがうかがえる。

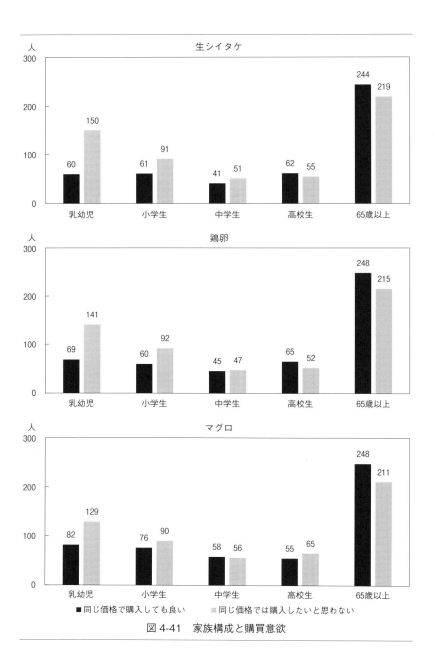

図 4-41 家族構成と購買意欲

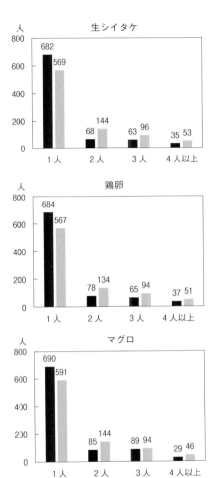

図4-42 15歳以下の子供の数と購買意欲

第4章 消費者意識と購買意欲

図 4-42 では，回答者が同居している家族の中にいる 15 歳以下の子供の数と，産地が原発に近い生シイタケ，鶏卵，マグロに対する購買意欲の関係を示している．前節と同様に，本節の食品でも，同居者に子供が多くいる家庭に住んでいる回答者ほど，原発近辺を産地とする食品を購入するのを避けたいと考えていることが見て取れる．以上から，回答者の半数が原発近辺の産地の食品と同じ価格で買っても良いと答えている食品に関しても子供と同居している回答者ほど，放射能の子供への影響を心配して原発近辺を産地とする食品を買うのを回避する傾向があることが示唆される．

学歴と購買意欲

図 4-43 は，学歴と購買意欲の関係を表したものである．

この図から，生シイタケ，鶏卵，マグロのいずれにおいても，小中高卒業の回答者と比べて，大卒以上の回答者では，産地が原発に近い食品の購入を避けたいと考えている人の割合が高い傾向にあることが見て取れる．したがって，本節の食品では，学歴の高い人ほど原発近辺を産地とする食品の購入に関して回避的である可能性が示唆される．

このように高学歴の回答者で購入を回避する傾向が見られたのは，高学歴の人の方が放射線に関する知識の中でも図 4-34 で見たように購買意欲を下げる傾向にある「被爆線量が 100 ミリシーベルトを超えると発癌リスクが高まる」という知識のある人が多いことが関係しているのではないだろうか．そこで，本アンケートの回答者において，小中高卒業の人と大卒以上の人の中で被爆線量が 100 ミリシーベルトを超えると発癌リスクが高まるということを知っている人の割合を比較してみた．その結果，生シイタケ，鶏卵，マグロのいずれにおいても，大卒以上の人の方がこのことを知っていると答えている割合が高く，学歴の高い人の方が購買を回避する傾向が強いのは，この発癌リスクに関する知識の有無が影響している可能性が示唆される．

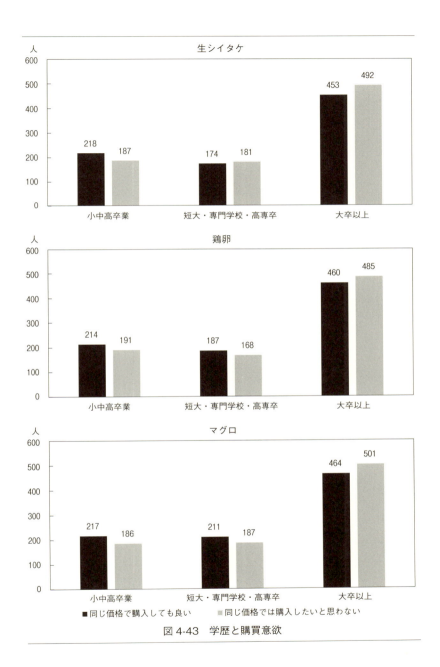

図 4-43 学歴と購買意欲

第 4 章 消費者意識と購買意欲

所得と購買意欲

本節の最後に，図 4-44 で，アンケート回答者の年間所得と購買意欲の関係について考察する。

まず，生シイタケ，鶏卵，マグロのいずれにおいても所得が 200 万円未満の層では原発近辺を産地とする食品を回避する傾向が見られ，これは前節と同様に所得が 200 万円未満の層には女性が多く含まれていることが関係していると言えそうである。

次に所得が 200～400 万円の層では，食品によって購買意欲に違いが見られ，鶏卵とマグロに関しては購買意欲が見られるが，生シイタケについては，これらの食品と比較すると購入を回避したいと考えている人の割合が高いことが見て取れる。これは表 4-9 で見たように，生シイタケについては，鶏卵とマグロと比べると産地が原発に近い食品に対する購買意欲が低い傾向にあったことが関係していると考えられる。

所得が 400～600 万円の層では，本節の 3 品目全てにおいて，産地が原発に近い食品の購入を回避したいと答えている人の割合が高い傾向となっており，600～800 万円の層でも他の所得層との比較で購入について回避的である人の割合が高いことがわかる。400～600 万円と 600～800 万円の所得層で，原発近辺を産地とする食品の購入に関して回避的な傾向が見られたのは，これらの層では 30 代と 40 代の回答者が多く，低年齢の子供を家庭に抱えている人が多いことが影響しているのではないだろうか。

また 800 万円以上の層では産地が原発の場合でも購買意欲があるという結果となっているが，これは本アンケートでは，800 万円以上の回答者では 8 割以上が男性であり，回答者の半数以上が 50 代以上の高齢であったことが関係していると考えられる。

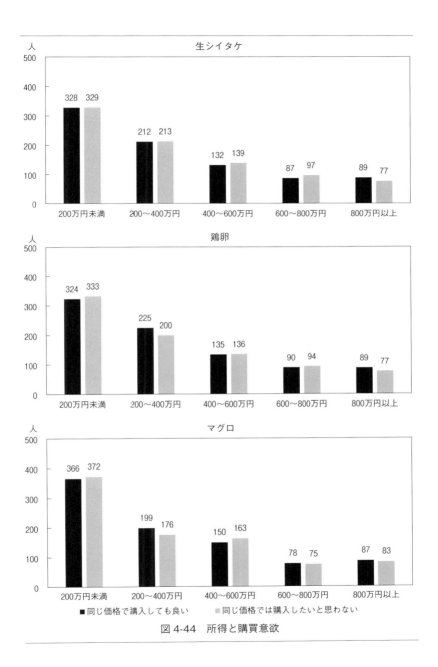

図 4-44　所得と購買意欲

第 4 章　消費者意識と購買意欲

4-4 過半数が買いたくないという食品
── 米，ミネラルウォーター，ワカメ

　前節に続いて，本節でも回答者の食生活，食品安全性に関する意識，社会貢献への関心度，放射能汚染に関する意識，原発近辺で生産された食品に対する許容度，社会的属性という6つに関連する要素と原発近辺を産地とする食品に対する購買意欲の関係について見ていく。

　本節では，回答者の過半数が原発に近い産地の食品を原発から離れた産地の食品と同じ価格では買いたくないと答えており，原発近辺の食品の購入を控える傾向が見られる米，ミネラルウォーター，ワカメについてのアンケート結果を考察する。以下，6つの項目に関連するアンケートの回答結果について，原発近辺を産地とする食品を原発から離れた産地の食品と同じ価格で買っても良いと考えている人とそうでない人でどういう違いがあるかを見ることで，6つの項目に関連する各要素と購買意欲の関係を明らかにしていく。

4-4-1 回答者の食生活と購買意欲の関係

　まず，アンケート回答者の食生活の違いと福島原発近辺で生産された米，ミネラルウォーター，ワカメに対する購買意欲との関係を，図4-45から図4-49で見ていきたい。

買い物の頻度と購買意欲

　図4-45は，前節と同様に，買い物の頻度と原発に近い産地の食品に対する購買意欲の関係を表したものである。

　この図によると，米については，ほぼ毎日，週数回買い物をすると言うように買い物の頻度の多い人は原発に近い産地の米の購入を避ける人の割合が高くなっているが，月数回しか買い物をしない人は原発近辺を

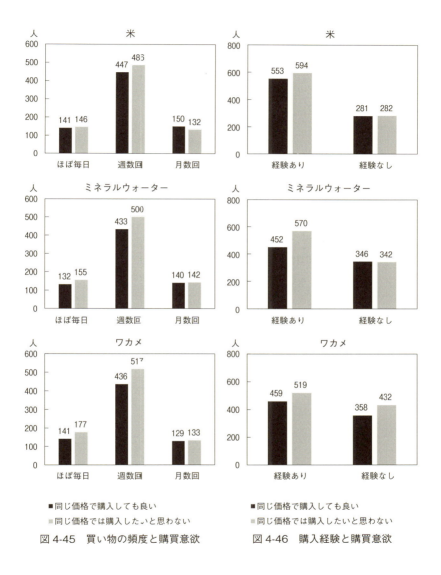

図 4-45　買い物の頻度と購買意欲　　図 4-46　購入経験と購買意欲

第 4 章　消費者意識と購買意欲

産地とする食品を原発から離れた産地の食品と同じ価格で買っても良いという人の割合が多くなっており，買い物の頻度と米の購買意欲には少なからず関係性があることが示唆される。ミネラルウォーターやワカメについても買い物の頻度が多い人については，原発近辺で生産された食品の購入を回避したいと考えている人の割合が高くなっているが，月数回しか買い物をしない人の間では同じ価格で買っても良いと答えた人と買いたくないと答えた人の数がほぼ同数となっており，ここでも買い物の頻度が購買意欲に影響している可能性が示唆される。

したがって，本節の3品目では，普段食品を購入する機会の多い人ほど，原発近辺を産地とする食品における放射能汚染の危険性を気にする傾向があると考えられる。

購入経験と購買意欲

次に図4-46は，米，ミネラルウォーター，ワカメを自分で購入することがあるかどうかで，原発近辺で生産された米，ミネラルウォーター，ワカメに対する購買意欲に違いがあるかを比較するための図である。これによると，米とミネラルウォーターについては，自分で購入することがある人の方が原発近辺で生産された米やミネラルウォーターに対する購買意欲が低いということが言えそうである。一方ワカメに関しては，購入経験の有無にかかわらず原発から離れた産地のワカメと同じ価格での購入を避けたいと考えている人が多い傾向にあることが見て取れる。

調理経験と購買意欲

図4-47は，回答者の調理する頻度と原発近辺で生産された米，ミネラルウォーター，ワカメに対する購買意欲の関係をグラフにしたものである。

これによると，米，ミネラルウォーター，ワカメのいずれにおいても，調理を毎日あるいは週数回すると答えた人の中では，これらの食品を原

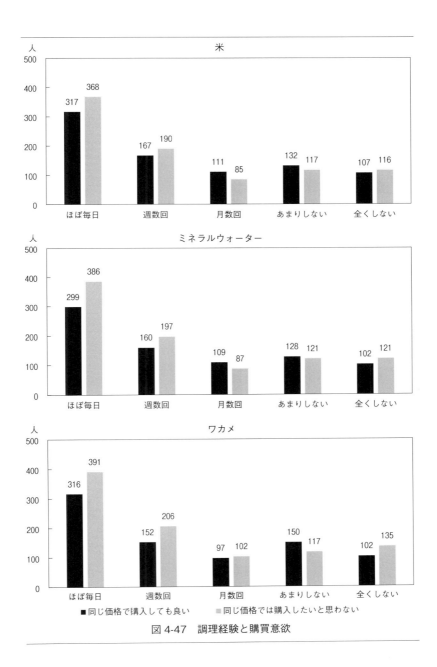

図 4-47　調理経験と購買意欲

第 4 章　消費者意識と購買意欲

発から離れた産地の食品と同じ価格では購入したくないと答えた人が購入しても良いと答えた人と比べて多かったのに対し，調理をあまりしないと答えた人の間では，同じ価格で購入しても良いと答えた人が多くなっていることがわかる。

したがって自分で普段調理することが多い人ほど，原発近辺を産地とする米，ミネラルウォーター，ワカメを買うのを回避する傾向があると言えそうである。

食事形態と購買意欲

図 4-48 は，回答者の食事形態と，米，ミネラルウォーター，ワカメに対する購買意欲の関係を表している。

この図によると，米，ミネラルウォーター，ワカメのいずれの食品においても内食の多い人と外食の多い人のどちらも原発近辺が産地の食品を原発から離れた産地の食品と同じ価格では買いたくないと考えている人が多い傾向にあることが見て取れる。このことから，米，ミネラルウォーター，ワカメに関しては，回答者の普段の食事形態の違いにかかわらず，産地が原発に近い場合は購入するのを避ける回答者が多い傾向があると言えそうである。

食品を買う際に重視する内容と購買意欲

食生活の違いと原発近辺を産地とする米，ミネラルウォーター，ワカメに対する購買意欲の関係を表した図 4-49 では，回答者が食品を買う際に重視する項目と購買意欲の関係をグラフにしている。

この図によると，全ての項目において原発近辺を産地とする商品を原発から離れた産地の食品と比べて同じ価格では買いたくないと答えている人の方が多くなっているが，前節で見た他の食品と同様に，特に食品を買う際に安全性を重視している人ほど，産地が原発近辺の米，ミネラルウォーター，ワカメを買うのを回避する傾向があることがわかる。

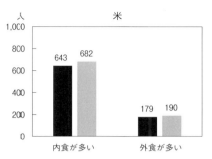

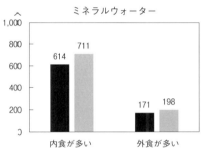

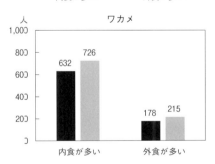

■ 同じ価格で購入しても良い
※ 同じ価格では購入したいと思わない

図 4-48 食事形態と購買意欲

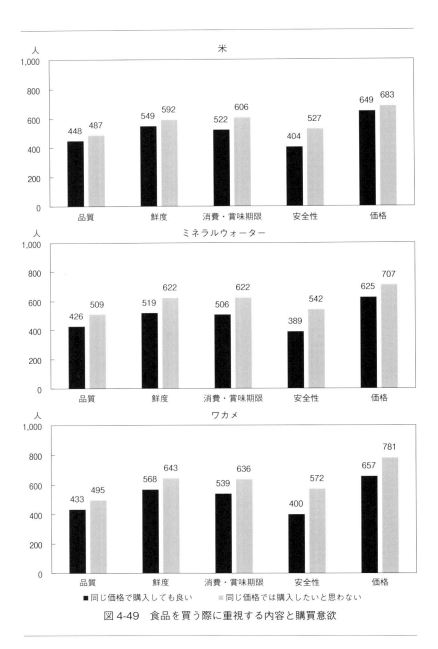

図 4-49 食品を買う際に重視する内容と購買意欲

4-4-2 食品安全性に関する意識と購買意欲の関係

第二に，食品安全性に関する回答者の意識と原発近辺を産地とする米，ミネラルウォーター，ワカメに対する購買意欲の関係について図 4-50 と図 4-51 で見ていく。

安全性への心がけと購買意欲

図 4-50 の安全性への心がけと購買意欲の関係を示した図によると，食品を買う際に何かしらの注意をしていることがあると答えている回答者は，米，ミネラルウォーター，ワカメのいずれにおいても産地が原発に近い食品を産地が原発から離れた産地の食品と同じ価格では買いたくないと答えており，原発近辺を産地とする米，ミネラルウォーター，ワカメに対して安全性の面で懸念を抱いている可能性が見て取れる。

一方で，食品を買う際に安全性について特に心がけていることはないと回答している人は，原発から離れた産地の食品に対する購買意欲が見られ，産地が原発に近い場合でもそれほど不安を感じていないということがうかがえる。

以上より，本節の食品でも，食品の安全性について何らかの心がけをしている人ほど産地が原発に近い場合は食品の購入を控える傾向があると言える。

食品ラベルへの信頼と購買意欲

図 4-51 は，食品に添付されたラベル情報への信頼性と，米，ミネラルウォーター，ワカメに対する購買意欲の関係を表している。

この図によると，まず米については，前節までのところで見た食品と同様に，ラベルの情報を信頼している人は原発近辺を産地とする場合も購買意欲があることが見てとれる。ところが，ミネラルウォーターとワカメについては，ラベル情報を信頼している人であっても購入を控える

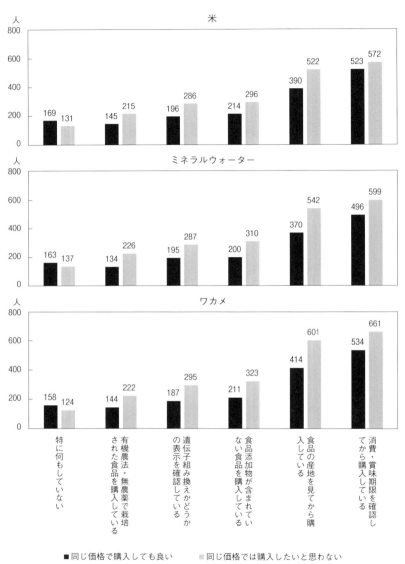

図 4-50 安全性への心がけと購買意欲

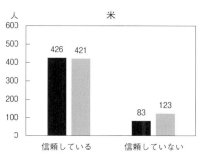

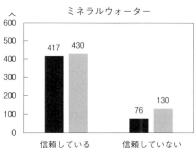

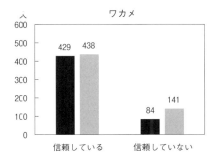

■ 同じ価格で購入しても良い
■ 同じ価格では購入したいと思わない

図 4-51　食品ラベルへの信頼と購買意欲

第 4 章　消費者意識と購買意欲

傾向が見られ，これらの食品に対する安全性面での懸念はかなり大きいことがうかがえる。

また，ラベル情報を信頼していない人については，米，ミネラルウォーター，ワカメの全てにおいて産地が原発から近い場合は原発から離れた産地の食品と同じ価格では買いたくないと考えている人が多く，購入を回避したい傾向があることが見て取れる。

この結果から，米に関しては，放射能汚染の危険性がないことを示す安全性ラベルのようなものを米のパッケージに貼って販売すれば，原発近辺で生産された米の購入を避ける人の需要を取り戻すことにつながる可能性が考えられるが，ミネラルウォーター及びワカメについてはあまり効果が発揮されない可能性もあり，これらの食品では，ラベルを使って安全性を訴えたとしても，安全性に関する信頼を取り戻すのは難しいと考えられる。

4-4-3 社会貢献への関心度と購買意欲の関係

第三に，図 4-52 と図 4-53 で，アンケート回答者の社会貢献への関心度と福島原発近辺で生産された米，ミネラルウォーター，ワカメに対する購買意欲の関係について見ていく。

まず図 4-52 で，環境保全活動への積極性と米，ミネラルウォーター，ワカメに対する購買意欲の関係について見てみると，環境保全活動の参加に関して積極的な人ほど原発近辺で生産された米，ミネラルウォーター，ワカメを購入して良いと考える傾向にあることが見て取れる。一方，環境保全活動に参加したいと思っていない人は，原発近辺の米の購入に関して回避的であることがわかる。

次の図 4-53 は，被災地の復興支援活動参加への積極性の度合いと，原発近辺を産地とする米，ネラルウォーター，ワカメに対する購買意欲の関係を示したものである。図から，いずれの食品においても，復興支援の参加に積極的な人ほど産地が原発に近い食品であっても購買意欲が

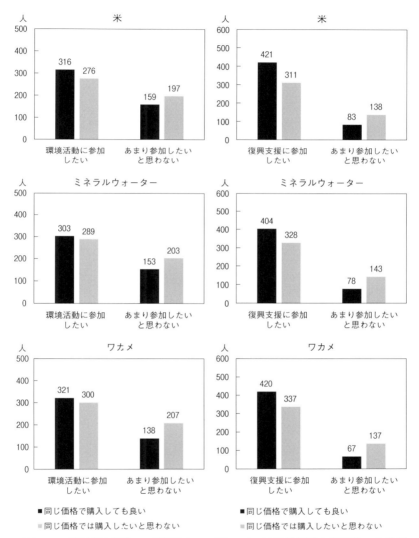

図 4-52 環境保全活動への積極性と購買意欲

図 4-53 被災地復興支援活動への参加に対する積極性と購買意欲

ある傾向が見られるが，参加に積極的でない人は購入を回避したいと答えている人が多いことがわかる。

以上から，環境問題や復興支援など社会貢献への意識の強い人ほど，原発近辺の米，ミネラルウォーター，ワカメに対する購買意欲があることが示唆されるが，このような結果は，これまでのところでも説明したように，社会貢献への意識が強い人ほど自分以外の人々の幸福についても関心のある利他的価値観を持っていることが関係していると言えそうである。したがって，こういった利他的価値観を持ち，被災地の復興に協力したいと思っている人々をターゲットに，原発近辺の食品を宣伝し売り上げを伸ばしていけば，原発近辺の食品の売り上げの向上につながっていく可能性があると考えられる。

4-4-4 放射能汚染に関する意識と購買意欲の関係

第四に，図4-54から図4-57で，放射能汚染に関する意識の違いと原発近辺を産地とする米，ミネラルウォーター，ワカメに対する購買意欲の関係について見ていく。

食品中に放射性物質が含まれる危険性に関する意識と購買意欲

まず図4-54で，食品に放射性物質が含まれる危険性に関する意識と，原発近辺を産地とする米，ミネラルウォーター，ワカメに対する購買意欲の関係について見ていきたい。

この図によると，店頭で売られている食品に放射性物質が含まれる危険性が高いと捉えている人は原発近辺で生産された米，ミネラルウォーター，ワカメを買うのを回避したいと考えているのに対して，危険性が低いと捉えている人は原発近辺で生産された米，ミネラルウォーター，ワカメであっても購買意欲がある傾向が見られることがわかる。このことから，食品に放射性物質が含まれる危険性を強く意識している人ほど，原発近辺の食品に対する購買意欲が低くなるということが言えそうである。

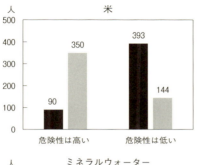
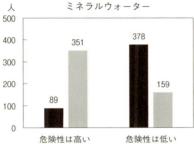
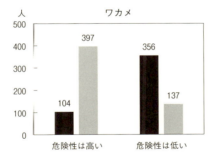

■ 同じ価格で購入しても良い
■ 同じ価格では購入したいと思わない

図4-54 食品中に放射性物質が含まれる
　　　　危険性に関する意識と購買意欲

放射線に関する知識と購買意欲

次の図4-55は,放射線に関する知識の有無と,米,ミネラルウォーター,ワカメに対する購買意欲の関係を表したものである。

図から,米とミネラルウォーターに関しては,α線,β線,γ線についての知識と,安定した物質に変化すれば放射線を放出しなくなるという知識を持った人は,産地が原発近辺であっても購買意欲がある傾向が見られるが,シーベルトとベクレルの違いや100ミリシーベルトを超えると発癌リスクが高まることに関する知識は,購買意欲の低下につながっていると言えそうである。すなわち,米とミネラルウォーターについては,放射線に関する知識の内容によって,購買意欲に違いが出ている可能性が考えられる。

また,ワカメについては,安定した物質に変化すれば放射線を放出しなくなるという知識以外の全ての項目で,知識の有無にかかわらず購入を回避する人の割合の方が高くなっており,放射線に関する知識を持っている人でも放射能汚染の危険性を懸念していると言えそうである。

アンケートで聞いたような放射線に関する知識を一つも知らない人の場合は,前節までで見てきた食品と同様に,購入を回避したいと考えている人の割合が高く,放射線に関する知識を増やしていくことは,効果の程度の差はあれ,これらの食品に対する購買意欲の増大につながっていくのではないかと考えられる。

食品の産地に関する意識と購買意欲

図4-56は,食品を買うことをためらう産地と,米,ミネラルウォーター,ワカメに対する購買意欲の関係を示している。

これによると,購入する際に,図にあるいずれかの産地を気にすると回答した人ほど,原発近辺で生産された米,ミネラルウォーター,ワカメを買うのを避ける傾向があることがわかる。一方で,産地を気にしないと回答した人の中では,原発近辺で生産された米,ミネラルウォー

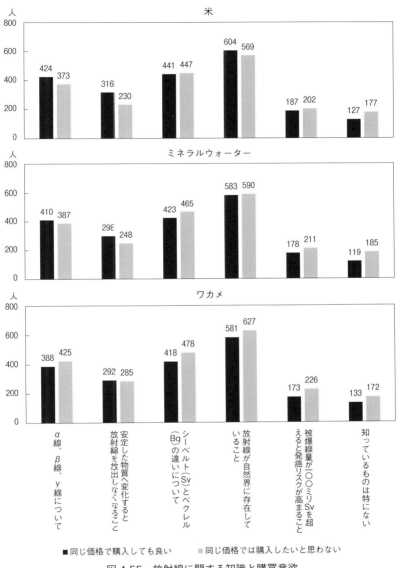

図 4-55 放射線に関する知識と購買意欲

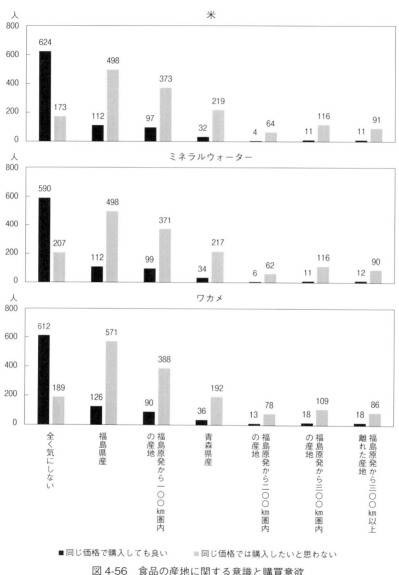

図 4-56　食品の産地に関する意識と購買意欲

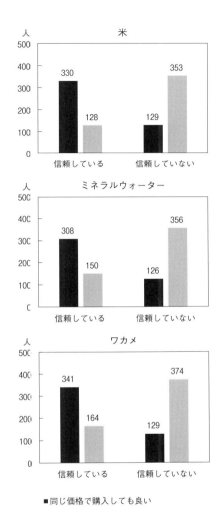

図 4-57　食品中の放射性物質の規格基準への信頼と購買意欲

第 4 章　消費者意識と購買意欲

ター，ワカメを原発から離れた産地の食品と同じ価格で買っても良いと答えている人の割合が高いことが見て取れる。

したがって，前節と同様にここでも，人々が原発近辺で生産された食品に購買意欲を示すかどうかは，購入する際に産地を気にするかどうかに関わっていると言えそうである。

食品中の放射性物質の規格基準への信頼と購買意欲

図 4-57 では，現況の食品中の放射性物質の規格基準への信頼度と，米，ミネラルウォーター，ワカメに対する購買意欲の関係を表している。

この図から，日本政府が設定している現況の食品中の放射性物質の規格基準を信頼している人は，原発近辺の米，ミネラルウォーター，ワカメに対する購買意欲がある傾向にあるが，信頼してない人は購入を避けたいと答えている人が多くなっていることがわかる。したがって，本節の食品でも消費者が原発近辺の食品に対して購買意欲を示すかどうかは，現況の放射性物質の規格基準を信頼できるかどうかに関わってくると言える。

4-4-5 原発近辺で生産された食品に対する許容度と購買意欲の関係

第五に，原発近辺で生産された米，ミネラルウォーター，ワカメに対する許容度と購買意欲の関係について表 4-10 と図 4-58 で見ていきたい。

原発近辺で生産された食品に対する購買意欲

表 4-10 より，米，ミネラルウォーター，ワカメはアンケートで扱った 10 品目の中で購入を回避する傾向が強く見られる食品であったことから，同じ価格で買っても良いと答えている人の割合がこれまで見てきた食品と比べて低いことがわかる。また，これまで見てきた他の 7 品目と比べて，いかなる割引率であっても買わないと答えた人の割合が高くなっている。

購入を回避する傾向の見られた 3 品目の中でも，特にミネラルウォー

表 4-10　原発近辺で生産された食品に対する購買意欲 (3)

		サンプル数	割合
米	同じ価格で買っても良い	834	48.8%
	10%から60%の割引があれば買っても良い	313	18.3%
	いかなる割引があっても買わない	563	32.9%
ミネラルウォーター	同じ価格で買っても良い	798	46.7%
	10%から60%の割引があれば買っても良い	264	15.4%
	いかなる割引があっても買わない	648	37.9%
ワカメ	同じ価格で買ってもよい	817	46.2%
	10%から60%の割引があれば買っても良い	368	20.8%
	いかなる割引があっても買わない	583	33.0%

ターでは，実に3人に1人以上の回答者が，いかなる割引率であっても買いたくないと答えており，放射能汚染の危険性をかなり懸念していることがうかがえる。ミネラルウォーターにおいていかなる割引があっても購入を回避したいと考えている人の割合が高くなっているのは，原発事故後，原発に近い福島県，宮城県，茨城県だけでなく東京都や神奈川県などにおいても水道水から放射性ヨウ素やセシウムが検出されていることもあり，放射能汚染の危険性を身近に感じている人が多いことが関係しているのではないだろうか。したがって水に関しては，単なる風評被害ではなく実際に危険性があるという意識を持っている人が多い可能性も考えられる。

安全性を示すラベルと購買意欲

図 4-58 は，前節と同様にいかなる割引率であっても原発近辺を産地とする米，ミネラルウォーター，ワカメを買わないと答えた人に対して，安全性を示すラベルがあれば買うかどうかを質問した結果である。

図から，米とミネラルウォーターについてはいかなる割引があっても買わないと答えた人の実に8割以上の人が，安全性を示すラベルが食品に添付されていても買わないと答えており，前節の購買意欲がやや見ら

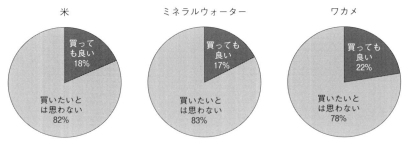

図 4-58 安全性を示すラベルと購買意欲

れる食品と比べても高い割合となっていると言える．したがって，これらの食品については，食品にラベルを貼ることで食品の安全性を伝えていくことは困難であることが予想される．

一方，ワカメについては，安全性を示すラベルがあれば買っても良いと答えている人の割合が2割を超えており，これは本節までで見た食品と同程度の割合となっており，米とミネラルウォーターと比較すれば，ラベルによって安全性を示すことは，ある程度は購買意欲の向上につながると考えられる．

4-4-6 社会的属性と購買意欲の関係

第六に，回答者の社会的属性と，産地が原発に近い場合に購買を控える傾向が見られた米，ミネラルウォーター，ワカメに対する購買意欲の関係について，図4-59から図4-65で見ていきたい．

原発から居住地までの距離と購買意欲

まず図4-59で，回答者の原発からの居住地の距離と購買意欲の関係について見てみると，米とミネラルウォーターでは，居住地が原発から300km圏内までの回答者では原発近辺の食品を原発から離れた産地の食品と同じ価格で買っても良いと答えている人が多くなっており，300kmを超えたところから同じ価格では購入したいと思わない人の割

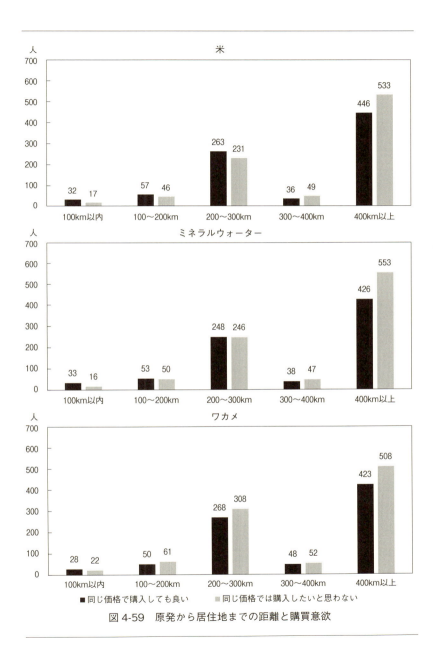

図 4-59　原発から居住地までの距離と購買意欲

第 4 章　消費者意識と購買意欲

合が多くなり始めることがわかる。

　ワカメについては居住地が100km以上離れた人においても購入したくないと答えている人の割合が多くなっており，米とミネラルウォーター以上にほぼ全国的に購入を回避したいと考えている人が多い傾向があると言えそうである。

　400km以上居住地が離れた回答者では，米，ミネラルウォーター，ワカメいずれにおいても購入を回避したいと考えている人の割合が多くなっている。

　以上より，これらの食品では居住地が原発から離れている人ほど購買意欲が低い傾向にあることが示唆される。このような結果が見られたのは，これらの食品は，全国的に生産されたり海外から輸入されたりしているため代替品も多く，原発から離れた居住地に住む人の多くは，わざわざ原発に近い産地の食品を買う必要がないため，アンケートで対象となった10品目の中でも特に購入を回避したいと考えている人の割合が高くなったのではないかと考えられる。

性別と購買意欲

　次に図4-60で，性別と米，ミネラルウォーター，ワカメに対する購買意欲の関係について見てみよう。

　この図によると米とミネラルウォーターについては，男性よりも女性の方が原発近辺を産地とする食品を買うことに抵抗を感じている傾向が見られる。この結果は，前節までで扱った食品と同じであるが，ワカメに関しては，女性だけでなく男性も産地が原発に近い場合は購入を回避したいと考えている人の割合が高くなっている。このことから，ワカメについては，性別に関係なく放射能汚染の危険性を懸念していると考えられ，より多くの人が安全面で不安に感じている可能性が示唆される。

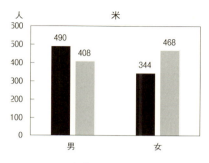

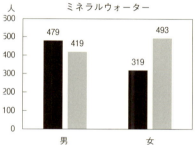

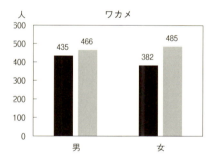

■ 同じ価格で購入しても良い
■ 同じ価格では購入したいと思わない

図 4-60　性別と購買意欲

年齢と購買意欲

図4-61は，米，ミネラルウォーター，ワカメにおける年齢と購買意欲の関係を示している。この図から，本節の食品でも，年齢の低い人ほど原発に近い食品の購入を避けたいと考えている傾向が見て取れる。

図では，特に30代，40代で購入を回避したいと答えている人の割合が高くなっている。このように，30代と40代の回答者で購入を回避する傾向が強く見られるのは，前節でも説明したように，この年代では，年齢の低い子供を抱えている人が多く，放射能に汚染された食品を食べることにより被爆するリスクから自分の子供を守りたいと考えている人が多くいるためなのではないだろうか。

子供の有無と購買意欲

次に，家庭内に子供が多くいる回答者とそうでない回答者で，原発近辺を産地とする米，ミネラルウォーター，ワカメに対する購買意欲に違いがあるかどうかを図4-62と図4-63で考察したい。

図4-62によると，米，ミネラルウォーター，ワカメのいずれにおいても乳幼児や小学生のいる回答者は，産地が原発に近い食品の購入を避ける傾向にあることが見て取れる。

一方，米とワカメの図から，65歳以上の人と暮らしている回答者の場合は，原発近辺の食品を原発から離れた産地の食品と同じ価格で買いたいと答えている人と買わないと答えている人の割合が同じくらいとなっており，米とワカメの購入を回避する傾向は低くなっていると言えそうである。しかし，ミネラルウォーターについては，65歳以上の人と暮らしている回答者でも購入を回避する人の割合が高くなっており，グラフの全ての項目で購入を回避する傾向が見られる。したがって，本節の3品目の中でも，ミネラルウォーターに対する放射能汚染の懸念は特に大きいと考えられる。

また図4-63では，米，ミネラルウォーター，ワカメのいずれにおい

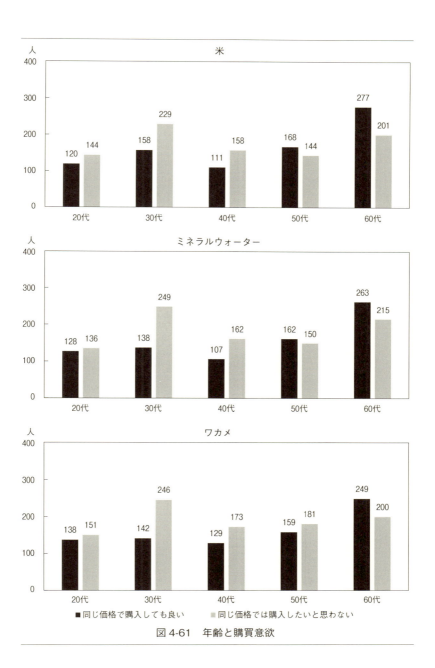

図 4-61 年齢と購買意欲

第4章 消費者意識と購買意欲

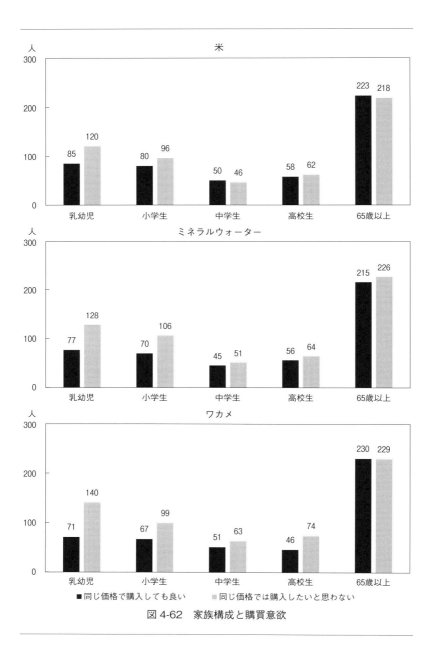

図 4-62　家族構成と購買意欲

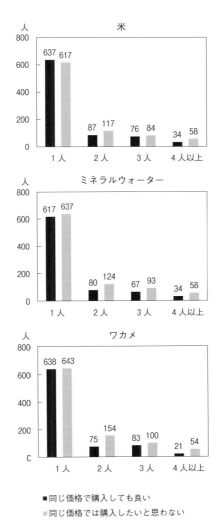

図 4-63　15 歳以下の子供の数と購買意欲

ても，2人以上の子供と暮らしている回答者は，産地が原発に近い食品の購入を避ける傾向にあることが見て取れる。特にミネラルウォーターとワカメに関しては，子供が1人の場合でも，購入を回避したいと考えている回答者が多いことがわかる。前節と同様に，本節でも，子供が放射能に汚染された食品を食べることによる発癌リスクを恐れて，子供のいる家庭では原発に近い産地の食品を回避する傾向があると言えそうである。

学歴と購買意欲

図4-64は学歴と原発近辺を産地とする米，ミネラルウォーター，ワカメに対する購買意欲の関係を表したものである。

この図によると，いずれの食品においても，小中高卒業の人と比べて，短大・専門学校・高専卒や大卒以上の人の方が，産地が原発に近い食品を産地が原発から離れた産地の食品と同じ価格で購入したくないと考えている人の割合が高いことが見て取れる。したがって，学歴が高い人の方が原発に近い産地の食品を回避する傾向があると考えられ，放射能による食品汚染への危険性を高く評価している可能性がうかがえる。高学歴の人の方が購入を回避する傾向があるのは，前節で説明したように，高学歴の人の方が被爆線量と発癌リスクの関係に関する知識を持っている傾向にあることが影響していると考えられる。

所得と購買意欲

本節の最後に，図4-65で回答者の年間総所得と原発近辺を産地とする米，ミネラルウォーター，ワカメに対する購買意欲の関係について見ていきたい。

図から，いずれの食品においても，ほぼ全ての所得層で産地が原発に近い食品を回避したいと考えている回答者の割合が高くなっていることがわかる。特に200万円未満の所得層で，購買を控える傾向が高いのが顕著であるが，これは前節で見た食品と同様に200万円未満に含まれる

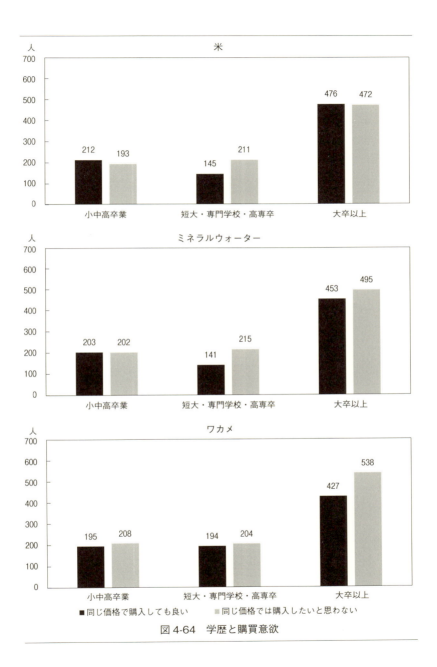

図 4-64 学歴と購買意欲

第 4 章 消費者意識と購買意欲

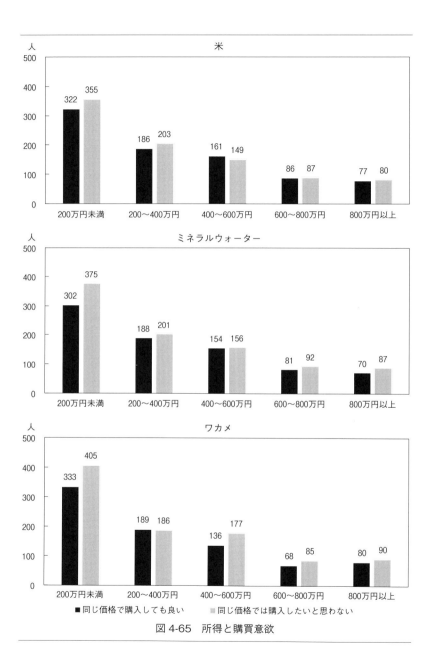

図 4-65 所得と購買意欲

回答者には専業主婦が多く，女性が多い，調理する頻度が高いといったことが購買意欲の低下に影響していると考えられる。以上から米，ミネラルウォーター，ワカメについては，所得に関係なく産地が原発に近い場合は購入を回避したいと考えている人が多くおり，アンケートの対象となった10品目の中でも特に放射能汚染の危険性を懸念している食品であると言える。

4-5　購買意欲に影響を与える要素

　本章のまとめとして，本節では，前節までの原発近辺を産地とする10品目の食品に対する消費者意識の違いから明らかとなった購買意欲に影響を与えていると考えられる要素について総括したい。

　本章では主に，消費者の食生活，食品安全性に関する意識，社会貢献への関心度，放射能汚染に関する意識，原発近辺で生産された食品に対する許容度，社会的属性という6つの項目に関連する特徴の違いと原発近辺を産地とする食品の購買意欲の関係について見てきた。本節では，これまでの分析結果をまとめた表4-11から表4-13を参照しながら，具体的にどういった消費者意識が購買意欲に影響していたかを再度確認し，購買意欲に影響を与えていると考えられる要素をまとめたい。

4-5-1　食生活と食品安全性に関する意識が購買意欲に与える影響

　表4-11は，アンケート回答者の食生活と食品安全性に関する意識が購買意欲に与える影響について，これまでの分析結果をまとめたものである。表4-11で，「負」と「正」は，表の各要素が食品の購買意欲にそれぞれマイナスとプラスの影響を与えている傾向が見られたことを意味しており，「影響なし」は，影響がマイナスなのかプラスなのか判断できなかった場合を意味している。

食生活

まず，食生活に関わる要素の中で，買い物の頻度，調理する頻度，買い物の際に安全性に関して何かしらの配慮をするといった要素は，購買意欲に負の影響を与える傾向があることがわかる。これは，買い物や調理をする頻度が多い人の方が，食品に触れる回数が多い分だけ，頻度が少ない人よりも放射能に汚染された食品に触れるリスクを身近に感じ，リスクを高く評価する傾向があることが影響しているのではないかと考えられる。また，買い物の際に食品の安全性について何かしらの配慮をする人ほど購買意欲が低いのも，そういった人の方が原発近辺を産地とする食品が放射能に汚染されているリスクを高く評価していることが関係していると考えられる。

表4-11 食生活と食品安全性に関する意識が購買意欲に与える影響

	食生活						食品安全性に関する意識	
	買い物の頻度	購入経験	調理頻度	食事形態	買い物で安全性を重視	買い物で価格を重視	安全性への心がけ	食品ラベルへの信頼
過半数が買っても良いという食品（キュウリ，リンゴ，牛肉，豚肉）	負 牛肉 豚肉	影響なし 全品目	負 豚肉	負 牛肉と豚肉で外食が多い人	負 リンゴ，豚肉，牛肉	正 全品目	負 牛肉，豚肉で顕著	正 全品目
半数が買っても良いという食品（生シイタケ，鶏卵，マグロ）	負 マグロ	正 全品目	負 全品目	負 生シイタケと鶏卵で内食が多い人	負 全品目	正 全品目	負 全品目	正 全品目
過半数が買いたくないという食品（米，ミネラルウォーター，ワカメ）	負 全品目	影響なし 全品目	負 全品目	影響なし 全品目	負 全品目	負 全品目	負 全品目	正 米

表4-11の購入経験の有無が購買意欲に与える影響については，回答者の半数が原発近辺で生産された食品を原発から離れた産地の食品と同じ価格で買っても良いと答えていた食品では正の影響が見られ，質問対象となった食品を買ったことがある人の方が，そうでない人よりも購買意欲が高い傾向にあった。しかし，回答者の半数が買っても良いと答えていた食品以外では，特に購入経験の違いが購買意欲に影響するという傾向は見られなかった。

　食事形態の違いと購買意欲の関係については，食品ごとに異なる結果となっており，一概に食事形態の違いが購買意欲に影響してくるということはなさそうであった。

　また，表4-11の買い物をする際に価格を重視するという要素は，回答者の過半数が原発近辺で生産された食品を原発から離れた産地の食品と同じ価格で買っても良いと答えていた食品では正の影響が見られるが，回答者の過半数が買いたくないと答えていた食品では負の影響が出ており，米，ミネラルウォーター，ワカメといった購入回避傾向の強い食品では価格を下げても購買意欲の向上につながらない可能性が考えられる。

食品安全性に関する意識

　次に，表4-11の食品の安全性に関する意識に関わる要素では，食品を買う際に安全性について何らかの心がけをするという要素は購買意欲にマイナスの影響を及ぼしていたが，これは食品の安全性に関する意識が強い人ほど，原発近辺を産地とする食品が放射能に汚染されているリスクを高く評価することが影響していると考えられる。

　一方，食品に添付されているラベルから得られる情報への信頼は，品目の種類による購買意欲の違いにかかわらず，ほとんどの品目で購買意欲に正の影響があることが見て取れる。このことから，食品に貼られているラベルから得られる情報への信頼性を高めていくことができれば，原発近辺の食品に対する不安を取り除いていける可能性があると言える。

4-5-2 社会貢献への関心度と放射能汚染に関する意識が購買意欲に与える影響

表4-12は，社会貢献への関心度と放射能汚染に関する意識が購買意欲に与える影響についての分析結果である。表の正と負は，表4-11と同様に，各要素が購買意欲に与える影響がそれぞれプラスとマイナスであったことを意味している。

まず，表のように社会貢献への関心度は，全ての品目で購買意欲にプラスの影響が出ており，原発近辺の産地の農林水産物の売上の向上につ

表4-12 社会貢献への関心度と放射能汚染に関する意識が購買意欲に与える影響

	社会貢献への関心度		放射能汚染に関する意識					
	環境保全活動への積極性	被災地復興支援への積極性	食品中の放射性物質の危険性	放射線に関する知識			産地を意識	放射性物質の規格基準への信頼
				被爆線量と発癌リスクの知識	発癌リスク以外の知識	知識なし		
過半数が買っても良いという食品（キュウリ，リンゴ，牛肉，豚肉）	正 全品目	正 全品目	負 全品目	負 牛肉と豚肉	正 全品目	負 全品目	負 全品目	正 全品目
半数が買っても良いという食品（生シイタケ，鶏卵，マグロ）	正 全品目	正 全品目	負 全品目	負 全品目	正 全品目	負 全品目	負 全品目	正 全品目
過半数が買いたくないという食品（米，ミネラルウォーター，ワカメ）	正 全品目	正 全品目	負 全品目	負 全品目	内容によって異なる 全品目	負 全品目	負 全品目	正 全品目

ながる要素であると言えそうである。社会貢献への関心度に関わる要素で，このような影響が出たのは，前節でも述べたように，環境保全や被災地復興支援といった社会貢献活動に積極的に参加したいと考えている人ほど，自分の利益だけでなく，広く社会全体の利益への関心が高く，利他的意識を持っていることが関係していると考えられる。したがって，こういう利他的意識の高い人に，原発近辺を産地とする食品を買うことは東日本大震災で被害を受けた地域の復興につながるといったことをアピールしていけば，原発近辺の食品の売上を向上させることにつながる可能性があると言える。

次に，食品の放射能汚染に対する意識に関わる要素が購買意欲に与えている影響についてもまとめると，食品中の放射能汚染の危険性を高評価する，被爆線量と発癌リスクの関係に関する知識がある，放射線に関する知識がない，放射能汚染の可能性を懸念して購入するのをためらう産地があるといった要素は，購買意欲の低下につながる傾向があることがわかった。一方，放射線には α 線, β 線などの種類がある，安定した物質に変化すると放射線を出さなくなるといった放射線に関する発癌リスク以外の知識，現況の食品中の放射性物質の規格基準への信頼といった要素は，多くの食品で購買意欲に正の影響があることが明らかとなった。

以上より，食品の放射能汚染のリスクを高く評価することにつながる要素は購買意欲にマイナスに影響するが，リスクを理解するための放射線に関する知識や規格基準の信頼性を高めるといった放射能汚染のリスクを低く評価することにつながる要素は，購買意欲の向上につながると言えそうである。

4-5-3 原発近辺の食品に対する許容度と社会的属性が購買意欲に与える影響

表 4-13 は，原発近辺を産地とする食品に対する許容度と社会的属性が購買意欲に与える影響についてまとめた結果である。

表 4-13 原発近辺の食品に対する許容度と社会的属性が購買意欲に与える影響

	原発近辺の食品に対する許容度	社会的属性						
	安全性ラベルの効果	居住地の距離	性別	年齢	家族構成	子供の数	学歴	所得
過半数が買っても良いという食品(キュウリ,リンゴ,牛肉,豚肉)	20%程度の人に効果あり	負	男性は正,女性は負	低い程負	小学生以下の子供がいる家庭ほど負	負	影響なし	200万円未満と800万円以上で負
	全品目	牛肉と豚肉	全品目	全品目	全品目	全品目	全品目	豚肉
半数が買っても良いという食品(生シイタケ,鶏卵,マグロ)	21〜25%程度の人に効果あり	負	男性は正,女性は負	30代負	小学生以下の子供がいる家庭ほど負	負	負	400万円〜800万円で負
	全品目	全品目	全品目	全品目	全品目	全品目	全品目	全品目
過半数が買いたくないという食品(米,ミネラルウォーター,ワカメ)	20%程度の人に効果あり	負	男性は正,女性は負	40代以下で負	小学生以下の子供がいる家庭ほど負	負	負	影響なし
	ワカメ	全品目	米とミネラルウォーター	全品目	全品目	全品目	全品目	全品目

原発近辺の食品に対する許容度

まず,原発近辺の食品に対する許容度に関しては,いかなる割引があっても買いたくないと答えている人については,食品に安全性を示すラベルを貼っても20%程度の人しか購買意欲に変化が見られないことが明らかとなった。特に回答者の過半数が購入を回避する傾向の見られた食品の中で,表にあるワカメ以外の米とミネラルウォーターについては,

ラベルによって購買意欲が上がる人の割合は20％にも満たない水準となっており，原発近辺を産地とする食品に対する回避傾向が強い人に安全性をラベルで伝えることは難しい可能性が示唆された。

社会的属性

次に，回答者の社会的属性では，居住地の原発からの距離が離れている，子供を持つ年代である，幼い子供がいる，子供の数が多い，学歴が高いといった要素が，購買意欲に負の影響を与えている傾向が見られた。居住地の原発からの距離が負の影響を与えていたのは，原発から遠いところに住んでいる人ほど，普段原発近辺を産地とする食品を目にする機会が少なく，原発近辺の食品の安全性に関する情報が不足していることが影響していると考えられた。年齢，家族構成，子供の数では，子供を持つ年代である，家族に子供がいる，子供が多くいるといったように，子供の有無が購買意欲に影響を与えている傾向が見られた。これは，回答者の多くが，子供の方が成人よりも放射線の影響による発癌リスクが高いことから，子供への放射線の影響を懸念して，子供と関係のある回答者ほど原発近辺を産地とする食品を回避したいと考えていたためであると考えられた。

表4-13の性別については，男性であれば購買意欲に正の影響が出ていたが，女性の場合は負の影響を与える傾向が見られた。これは，日本では一般に，女性の方が子供と過ごす時間が長いため，放射線の子供への影響を懸念して，女性の方が男性よりも原発近辺を産地とする食品を買うのを避ける傾向があることを示していると考えられた。

学歴については，回答者の過半数に購買意欲の見られたキュウリ，リンゴ，牛肉，豚肉以外の食品では負の影響が見られ，高学歴の人ほど原発近辺の食品の購入を回避する傾向が見られた。この原因としては，高学歴の人の方が放射線による被爆線量と発癌リスクの関係に関する知識を持っている割合が高いため，放射線に関する知識の中でも購買意欲を

低下させる傾向のある知識を持っていることが関係していると考えられた。

　最後に，所得に関しては，所得の違いによる購買意欲の違いはあまり見られず，所得の大小が直接購買意欲に影響しているといったことはない傾向にあることが示唆された。

参考文献

有賀健高（2014）「環境意識の高い消費者は福島原子力発電所近辺の食品購入に積極的なのか——消費者アンケート調査からの検証」『環境情報科学学術論文集』28, pp.1-11

総務省（2013）「人口推計」（平成25年10月1日現在）http://www.stat.go.jp/data/jinsui/2013np/（最終アクセス2015年11月6日）

Cucinotta F. S., and Durante, M.(2009) Risk of radiation carcinogenesis. In J. C. McPhee and J. B. Charles（Eds.）, *Human Health and Performance Risks of Space Exploration Missions*. Houston, Tex: NASA Johnson Space Center, pp.119-170

Kolstad, C. D.（2000）*Environmental Economics*. Oxford University Press, New York

第 5 章

風評被害はあったのか？

　本章では，アンケートで聞いた消費者の食生活，食品安全性に関する意識，社会貢献への関心度，放射能汚染に関する意識，社会的属性といった要素の中で，原発近辺を産地とする食品に対する購買意欲を低下させる要因となっていた要素を検証し，風評被害はあったのかという疑問に対する答えを探っていきたい。

　まず，結論から言うと，風評が原因で原発近辺を産地とする食品に対する購買意欲が低下し，食品が売れなくなっているという風評被害はあったのかという疑問についてだが，あったと言える部分とそうでない部分があったと言える。

　では，具体的にアンケートの結果から，原発近辺を産地とする食品に対する消費者意識の中で，風評が原因で購買意欲の低下につながっていると考えられる部分と，風評だけが原因とは言えない部分について，以下の表5-1を参照しながら具体的に説明していきたい。

5-1　食生活と風評被害

　第一に，アンケート回答者の食生活に関する回答結果で，風評被害に

表 5-1 購買意欲が下がっている原因

	風評が原因	風評以外が原因
食生活に関連する要素	買い物をする際に価格を重視すると答えている人でも、割引率が購買意欲の向上につながらない。	買い物や調理をする頻度が多い人ほど購買意欲が低い。
放射能汚染に関する意識に関わる要素	放射線に関する知識を持たない人ほど購買意欲が低い。	被爆線量と発癌リスクの関係を知っている人ほど購買意欲が低い。
社会的属性に関わる要素	居住地が原発から遠い人ほど購買意欲が低い。	家庭に幼い子供がいる人ほど購買意欲が低い。

繋がっていると考えられる要素とそうでない要素について見ていきたい。

5-1-1 風評被害につながっていると考えられる要素

まず、風評被害につながっていると考えられる部分は、アンケートで調査した10品目の中でも購入を回避する傾向の強かった米、ミネラルウォーター、ワカメで、買い物をする際に価格を重視すると答えている人において、原発近辺の食品に割引があっても購入したくないと答えている人の割合が高い点である。

表5-2は、食品を買う際に価格を重視していると答えた人の中で原発近辺を産地とする食品に本アンケートで設定した割引率のうち最も高い水準である60％の割引率があっても購入を回避したいと答えた人の割合を示している。表で、米、ミネラルウォーター、ワカメについては、価格を重視しているのに割引率が高くても買いたくないという矛盾した回答を出している人の割合が他の食品と比べても特に高くなっていることが見て取れる。他の食品と同様に、米、ミネラルウォーター、ワカメのいずれにおいても、表4-3（57頁）のQ16にあるように「放射能検査の結果、放射性物質は全て現況の基準値以下であった」という注意書き

表 5-2 価格重視と答えた人で 60％の割引率でも買わない人の割合

	食品名	割合
過半数が買っても良いという食品	キュウリ	26.4%
	リンゴ	25.3%
	牛肉	26.0%
	豚肉	25.4%
半数が買っても良いという食品	生シイタケ	29.6%
	鶏卵	27.8%
	マグロ	28.4%
過半数が買いたくないという食品	米	32.5%
	ミネラルウォーター	37.8%
	ワカメ	33.7%

を入れた上で購入の有無を聞いており，米，ミネラルウォーター，ワカメにおいてだけ，価格を重視すると答えている人の中で，原発に近い産地の食品に対する回避行動が強く見られると言うのは，合理的な根拠に基づく行動とは言えない。したがって，これらの食品で見られた購入回避行動は，根拠のない噂や情報の影響を受けている可能性も考えられ，そういう意味で風評被害の側面があると言える。

5-1-2 風評被害につながっていると考えられない要素

次に，食生活の回答結果の中で，風評以外が原因で購入回避につながっていると考えられる部分について説明したい。

第4章の表4-11（164頁）で見たように，買い物や調理をする頻度は，原発近辺を産地とする食品の購買意欲にマイナスの影響を与えている傾向があったわけだが，買い物や調理を自分でする頻度の高い人ほど回避的な行動が見られたのは，単なる風評だけが影響しているとは言えないのではないだろうか。なぜなら，買い物や調理の頻度の高い人が，原発近辺を産地とする食品の購入に回避的行動を取っていたのは，放射性物質の累積的影響への懸念も影響していると考えられるからである。

日本政府が現在設定している食品中の放射性セシウムの基準値は,「基準値内の放射性物質であれば毎日食したとしても人体への放射能の影響は1ミリシーベルト以内」という厳しい値ではあるが,放射性セシウムを含む食品は,それを食べる頻度が増えるほど体内に蓄積される放射性物質の量が増えるということがわかっている。政府の設定している基準値は,こういった累積的影響も踏まえて定められた値ではあるが,食品を1日に摂取する量には個人差もあり,ある食品ばかりを1日中食べている偏食家の人のことまで考慮できているのだろうか。そういう人の場合だと安全とは言えないケースも出てくる可能性が考えられる。したがって,政府の基準値も万能ではなく,ある食品については食べる機会が普通の人より多いため,その食品についてだけは原発近辺を産地とする食品の購入に対して回避的な行動を取っているといった人の場合は,科学的根拠に基づく合理的な判断だと言える。

5-2　放射線に関する知識の有無と風評被害

　第二に,表5-1でアンケート回答者の放射能汚染に関する意識の中で購買意欲に影響を与えている要素のうち,風評被害につながっていると考えられる部分とそうでない部分について見ていきたい。

5-2-1 風評被害につながっていると考えられる要素

　まず,アンケートの放射能汚染に関する意識調査の結果から風評被害につながっていると考えられる部分について説明したい。
　第4章で見たように,回答者の放射能汚染に関する意識調査の中で,放射線に関する知識を全く持っていないと答えていた人ほど原発近辺を産地とする食品に対する購買意欲が低い傾向にあったわけであるが,このように放射線に関する知識がないから購入を避けたいと考えている人

表 5-3　放射線に関する知識の有無と購買意欲

	同じ価格で買っても良いと答えている人の割合
放射線に関する知識あり	52.9%
放射線に関する知識なし	44.9%

の中には，風評に流されて購入を回避している人が多いのではないだろうか。なぜなら放射線に関する知識を全く持っていない人の中には，自分で放射線に関する知識を学んで食品の放射能汚染のリスクを理解するのを放棄している人もいると考えられ，そういう人は噂や情報の真偽を自分で判断することがないまま購入を回避するという選択をしている場合もあると思われるからである。

　表5-3は，全アンケート回答者のうち，表4-2（56頁）のQ12で聞いた放射線の知識に関する質問で，何かひとつでも知識を持っていると答えた人と特に持っている知識はないと答えている人の中で，原発近辺を産地とする食品を原発から離れた産地の食品と同じ価格で買っても良いと答えている人の割合を示している。この表から，放射線について何かしらの知識を持っている人の方が，知識を持っていない人と比べて購買意欲が高いことが見て取れ，知識を持っていない人の方が原発近辺の食品を買うのを回避する傾向があることがわかる。このような結果となっているのは，放射線に関する知識を持たない人の中には，風評の影響を受けて原発に近い産地の食品は安全でないと考えている人も含まれているためであると考えられる。

5-2-2 風評被害につながっていると考えられない要素

　次に，放射能汚染に関する意識調査の結果で，一概に風評が原因で購入回避につながっているとは言えない部分について説明したい。

それは，第4章で見た放射線に関する知識についてのアンケートで，被曝線量と発癌リスクの知識を持つ人ほど原発近辺の購入を控える傾向が見られた部分である。被曝線量と発癌リスクの知識を持っていると答えている人で購入を回避したいと考えている人は，ある程度食品の放射能汚染の危険性に関する知識があるため，単に風評の影響だけで購入を回避しているのではなく，自分の知識に基づいて回避するという選択をしている部分もあると思われ，こういった消費者による回避行動は一概に風評が原因だとは言えないだろう。

5-3　社会的属性と風評被害

　第三に，表5-1の社会的属性に関する要素で風評被害につながっていると考えられる部分とそうでない部分について見ていきたい。

5-3-1 風評被害につながっていると考えられる要素

　まず，風評被害の原因となっていると考えられる部分としては，居住地が原発から離れている回答者ほど，産地が原発に近い食品の購入を回避する傾向が見られた点が挙げられる。

　原発近辺を産地とする食品であっても，全国的に流通しているキュウリやリンゴにおいては，居住地が原発から離れている回答者であっても購買意欲が見られたのに対し，それ以外の食品では居住地が原発から離れた回答者ほど購入を回避する傾向が見られたが，これは，普段購入する機会が少ない食品であるために購買意欲が低くなっている可能性がうかがえた。このことから原発から離れた地域に住む回答者は，単に食品に関する情報がないという理由で購買を回避している可能性が示唆され，こうした回避行動は風評による影響が出ている面もあると考えられる。さらに農林水産物の場合は他の産地の同じ食品が入手しやすく，他の産

表 5-4 居住地の原発からの距離ごとの 60％割引率でも買わない人の割合

原発からの距離	割合
100km 以内	20.9％
100 ～ 200km	31.0％
200 ～ 300km	29.5％
300 ～ 400km	29.8％
400km 以上	29.6％

地の食品を買えばわざわざ噂の真偽を確かめる必要がないことも，風評の影響を大きくしていると言える。

表5-4は，全アンケート回答者の居住地の原発からの距離と，各距離区間に属する回答者の中で原発近辺を産地とする食品に60％の割引があった場合でも購入を避けたいと答えている人の割合を示している。表のように，全アンケート回答者のサンプルで見た場合でも，居住地の原発からの距離が100km圏内の回答者では，購入を回避すると答えている回答者は2割程度でしかないのに対し，居住地が100km以上離れている回答者では3割近くにもなっており，原発から離れた地域に住んでいる人の方が購入を回避する傾向が強いことが見て取れる。このような傾向が見られるのは，原発から離れたところに住んでいる人ほど，原発近辺の食品に関する情報をあまり持っていないため，風評の影響を受けやすくなっていると考えられる。

5-3-2 風評被害につながっていると考えられない要素

一方，社会的属性に関わる要素の中で，女性であること，家庭に幼い子供がいるといった要素が購買意欲に負の影響を与えているという結果は，風評以外が原因で購買意欲の低下につながっている部分もあると考えられる。なぜなら，こういった要素が購買意欲にマイナスに影響しているのは，子供の方が放射能汚染による人体の影響が出やすいという科学的根拠を知っていることが関係している面もあると考えられるからで

ある。こういった幼い子供を放射能に汚染された食品から守るという理由から，原発近辺を産地とする食品の購入に対して回避的な行動をとるというのは，政府が設定している食品中の放射性セシウムの基準値が，放射性物質の累積的影響まで考慮した場合は万能ではないという点からも合理的な判断であると言える。そういう意味で，こういった要素で購買意欲が低くなっていたのは，風評の影響だけではないと言える。

5-4 風評被害を防ぐには

　以上より，福島第一原発事故後，原発近辺を産地とする食品が売れなくなったのは，風評が原因である部分もあるが，それ以外の要因が影響している部分もあると言える。

　本書の分析で，人々が原発近辺の食品を回避するのは，放射能汚染の危険性を自分で捉えようとせず，風評を鵜呑みにしている人がいるからであるという面もあることがうかがえた。しかし，その一方で，政府の設定している放射性物質に関する基準値だけでは食品の安全性は守られておらず，実害もあるという考えから原発近辺の食品を回避している人もおり，こういった人々の行動は一概に風評だけが原因であるとは言えない部分があることがわかった。したがって，安全ではないと考えている消費者がどの部分に不安を感じているのかを理解し，その不安を取り除けるような科学的根拠を示し，原発近辺を産地とする食品の放射能汚染のリスクを正確に知ってもらえるように努力していくことが今後必要であると言える。

おわりに

　2011年3月11日の東日本大震災が起こった当日，私は神奈川県の葉山にある研究所の一室にいた。私がいた場所は震源の東北地方の太平洋沖からは400km以上も離れていたにもかかわらず，これまでにはない揺れを経験した。すぐさまニュースで確認したところ，東北地方の沿岸に15m以上もの高さのある津波が押し寄せているということだったが，それが現実に起こっていることとは信じられなかった。その後，テレビで実際に津波によって家々が流されたり人々が避難したりしている様を見て，現実として認めることとなった。しかし，その翌日，東日本大震災は我々にさらなる厳しい現実を突きつけた。福島第一原子力発電所の1号機が爆発したというニュースが流れたのである。この1号機の爆発から始まって，事態はどんどん深刻化していき，福島原発事故は，最終的には大量の放射性物質を放出する事故となってしまったのである。

　福島第一原子力発電所事故後，私が当時住んでいた地域も停電などの被害を受けたが，東日本大震災の被害の最も大きかった東北地方や福島第一原子力発電所近辺に住んでいる人々の被った被害は想像を絶するものであった。現に震災から5年以上が経過した現在においても自分の故郷に戻れずにいる人も多数おり，未だにその傷は癒えていない。特に原発近辺に家があった住民の中には，家が震災の影響を受けずに無傷であっても放射能が原因で故郷に帰れないという人もいる。そういう意味でも，東日本大震災では通常の地震災害以上の被害が起こってしまったのだった。

　そんな中，私が風評被害の研究を行うようになったのは，原発近辺の住民は，地震や津波といった災害にあっただけではなく，原発事故のせいで地域の農林水産物が売れなくなるという二次被害にまであっており，

まさに泣きっ面に蜂の状況で，せめて二次被害の影響を緩和するために何かできることはないかと思ったからである。

　しかし，研究をしていくうちに，本書のテーマの難しさを痛感することになった。なぜなら，風評被害は人間の意思決定に関係する問題であるが，人々の意思決定は他人の意見に左右されやすい場合が多く，正しくない情報であっても真に受けて行動する人が必然的に出てくると考えられたからである。また，原発事故による食品の放射能汚染の危険性といった不確実性を伴う問題の場合，自分で食品の危険性について考えるのが面倒だったり，調べるのに時間がかかったりするため，悪い噂が流れている食品についてはとにかく避けるという判断をする人が多くいることも予想された。そういう意味で，研究を開始する前から，程度の差はあれ風評被害があるという結論が出ることは目に見えていたのである。しかし，消費者の行動のすべてを風評被害に結びつけてしまってよいものなのか。

　そこで，本書では，できるだけ風評被害があるという一方的な立場からの研究にならないように，集めたデータに忠実に従って実態を示していくように心がけた。こうした結果，本書の結論は，原発近辺の農林水産物は風評が原因で避けられている面と風評ではなく実害が原因で避けられている面もあるということになった。

　このように本書は，風評被害があるかないかについてはどっちつかずであり，風評被害に関して否定的な読者にとっても肯定的な読者にとっても面白くない内容となっているかもしれない。しかし，本書を通じて，どういった消費者が原発近辺の農林水産物の購入に関して前向きであり，どういった消費者が購入に後ろ向きなのかといった消費者の特性による違いを明らかにできたことは，「風評被害」の実態を知る上で意義深かったように思われる。特に環境問題に関心の高い人や震災被害地域の復興支援に積極的な人など，社会貢献への関心度の高い人ほど原発近辺の農林水産物の購入に前向きな姿勢が見られたという結果は重要な発見で

あった。ここから推測されたのは，利他的意識を持つ人ほど復興支援を真剣に考えており，風評被害に関しても真剣に取り組もうとしているのではないか，ということだった。

そう考えると，風評被害の根源は，自分の身を守ることだけを最優先し，世間に流れている情報の真偽を確認することの煩わしさから，少しでも悪い噂の流れた食品は避けるといった利己的な消費行動にあるのではないかということになる。したがって，風評被害の払拭には，原発近辺で起こっている問題を自分のことのように真剣に考えられる利他的な人を増やしていくことが必要なのではないかと思われる。このように，風評被害の問題は心理的ないし思想的要素が関わることになり，私の専門である経済学の立場からデータによって実態を示すという本書の目的を超えることになってしまう。しかし，風評被害の本質を知るためには重要な要因であり，後日，心理的思想的要因も変数の中に組み込んで風評被害の実態を探る方法を考えたい。

本書で用いたアンケート調査は，当初6,000人を総回収目標としていたが，実際にアンケートを実施すると8,000人以上の人から回答を得ることができた。ここからも、いかに多くの人が原発事故後の農林水産物の放射能汚染の問題に関心を持っていたかがうかがえる。また，本書の研究成果の一部はトルコのアンタルヤで開催された国際エネルギー経済学会（IAEE）2015年国際大会，キャンベラで開かれたオーストラリア農業資源経済学会（AARES）2015年大会，スイスのチューリヒで開催されたヨーロッパ環境資源経済学会（EAERE）2016年大会などで発表したが，どの大会でも多くの反響を得ることができ，本研究の意義の大きさを改めて感じた。

最後に，本書は，日本学術振興会（JSPS）科学研究費助成事業（課題番号25712025）の支援を受けて実施した「福島原子力発電所事故以降の放射能による食品汚染に対する消費者の意識調査研究」の研究成果の一部をまとめたものである。本書で使われているアンケートの集計データ

を表やグラフを作成する際に，ご協力及びご支援をいただいた石川県立大学生物資源環境学部生産科学科の当時在学生だった磯田優様，市橋広基様，前田龍佑様には深く感謝いたします。また，本書の編集及び刊行にあたってご尽力いただいた昭和堂の松井久見子さんに，心からお礼申し上げる次第であります。

  2016年7月

有賀健高

索　引

あ行

IICRP（国際放射線防護委員会）　10

か行

仮想評価法　ii
牛肉　41, 65, 67, 69-71, 73, 75, 76, 78, 80, 81, 84-87, 89, 91, 92, 94-96, 98
キュウリ　35, 65, 67, 69-71, 73, 75, 76, 78, 80, 81, 84-87, 89, 91, 92, 94-96, 98
コールドチェーン　ii
国際原子力事象評価尺度　5
国際放射線防護委員会→ IICRP
鶏卵　100, 102, 104, 106, 108, 109, 111, 113, 115-117, 119, 120, 122-124, 126, 127, 129, 131
米　33, 133, 135, 137, 138, 140, 141, 143, 145, 147-149, 151-153, 155, 157-159, 161, 162

さ行

シーベルト（Sv）　9
シグナリング　27
事故　6
事象　6

自然放射線　9
ジャワ島南西沖地震　2
情報の非対称性　26
情報の不確実性　25
真の不確実性　25
水産物における放射能汚染　17
スクリーニング　28
スマトラ島沖地震　1

た行

代替財　23, 24
畜産物における放射能汚染　15
東北地方太平洋沖地震　1
鶏卵の価格　45

な行

生シイタケ　39, 100, 102, 104, 106, 108, 109, 111, 113, 115-117, 119, 120, 122-124, 126, 127, 129, 131
燃料ペレット　3
農林産物における放射能汚染　13

は行

半減期　4, 10
東日本大震災　1

避難者数　6
被爆　8
被爆線量の上限　10
風評被害　21
福島第一原子力発電所　2
豚肉　43, 65, 67, 69-71, 73, 75, 76, 78, 80, 81, 84-87, 89, 91, 92, 94-96, 98
ベクレル（Bq）　9
放射性セシウムの基準値　11
放射性物質　7
放射性物質の基準値　10
放射線　7
放射能　7

ま行

マグニチュード　1
マグロ　46, 100, 102, 104, 106, 108, 109, 111, 113, 115-117, 119, 120, 122-124, 126, 127, 129, 131
ミネラルウォーター　1, 133, 135, 137, 138, 140, 141, 143, 145, 147-149, 151-153, 155, 157-159, 161, 162

ら行

リスク　25
リンゴ　37, 65, 67, 69, 70, 72, 73, 75, 76, 78, 80, 81, 84-87, 89, 91, 92, 94-96, 98
炉心溶融　3

わ行

ワカメ　48, 133, 135, 137, 138, 140, 141, 143, 145, 147-149, 151-153, 155, 157-159, 161, 162

■著者紹介

有賀健高（あるが けんたか）

石川県立大学生物資源環境学部生産科学科准教授。
2010年ロードアイランド大学環境資源経済学科博士課程修了。
Ph.D.（環境資源経済学）
ロードアイランド大学リサーチアシスタント，地球環境戦略研究機関研究員を経て現職。
主な著作に「環境意識の高い消費者は福島原子力発電所近辺の食品購入に積極的なのか――消費者アンケート調査からの検証」（『環境情報科学学術研究論文集』28号，2014年），『資源と環境の経済学――ケーススタディで学ぶ』（分担執筆，昭和堂，2012年）など。

原発事故と風評被害
――食品の放射能汚染に対する消費者意識

2016年11月10日　初版第1刷発行

著　者　有賀健高

発行者　杉田啓三

〒606-8224　京都市左京区北白川京大農学部前
発行所　株式会社　昭和堂
振替口座　01060-5-9347
TEL（075）706-8818／FAX（075）706-8878
ホームページ　http://www.showado-kyoto.jp

Ⓒ 有賀健高 2016　　　　　　　　　　　印刷　亜細亜印刷

ISBN978-4-8122-1557-9

＊乱丁・落丁本はお取り替えいたします。

Printed in Japan

本書のコピー，スキャン，デジタル化等の無断複製は著作権法上の例外を除き禁じられています。本書を代行業者等の第三者に依頼してスキャンやデジタル化することは，たとえ個人や家庭内での利用でも著作権法違反です。

昭和堂関連書

金紅実著
中国の環境行財政
―― 社会主義市場経済における環境経済学　　　　本体 2800 円 + 税

大森恵子著
グリーン融資の経済学
―― 消費者向け省エネ機器・設備支援策の効果分析　　本体 4500 円 + 税

知足章宏著
中国環境汚染の政治経済学　　　　　　　　　　本体 2200 円 + 税

李秀澈編
東アジアのエネルギー・環境政策
―― 原子力発電／地球温暖化／大気・水質保全　　　本体 6800 円 + 税

馬奈木俊介・地球環境戦略研究機関編
グリーン成長の経済学
―― 持続可能社会の新しい経済指標　　　　　　　　本体 4200 円 + 税

遠藤崇浩著
カリフォルニア水銀行の挑戦
―― 水危機への〈市場の活用〉と〈政府の役割〉　　本体 2200 円 + 税

吉田謙太郎著
生物多様性と生態系サービスの経済学　　　　　本体 2400 円 + 税

森　晶寿編
東アジアの環境政策　　　　　　　　　　　　　本体 2400 円 + 税

馬奈木俊介編
資源と環境の経済学――ケーススタディで学ぶ　　本体 2500 円 + 税

馬奈木俊介・豊澄智己著
環境ビジネスと政策――ケーススタディで学ぶ環境経営　本体 2200 円 + 税

馬奈木俊介・地球環境戦略研究機関編
生物多様性の経済学――経済評価と制度分析　　　本体 4200 円 + 税

宮永健太郎著
環境ガバナンスとNPO
―― 持続可能な地域社会へのパートナーシップ　　　本体 5000 円 + 税

植田和弘・山川肇編
拡大生産者責任の環境経済学
―― 循環型社会形成にむけて　　　　　　　　　　　本体 4800 円 + 税